元永知宏
Tomohiro Motonaga

日本一のボール拾いになれ

TOKYO NEWS BOOKS

はじめに

全国に3800校以上ある高校野球部の頂点を決める甲子園大会の決勝戦がそれにふさわしい試合になるかというと、必ずしもそうではない。強敵と何試合も戦った選手たちの疲労はピークを超え、コンディションも万全とは言えない状態だ。だから、大量点が入ってワンサイドゲームになることも珍しくない。

延長戦にもつれこむような接戦は見る者の心に残る。延長18回（2000年からは15回）を戦って引き分け、翌日の再試合でようやく決着するような熱戦はほかの決勝戦以上のインパクトを放つ。

100年を超える高校野球の歴史を振り返ると、1969年夏の松山商業（愛媛）対三沢（青森）、2006年夏の甲子園で実現した早稲田実業（西東京）と駒大苫小牧（南北海道）の決勝戦がある。この2試合には、どちらが勝つかわからないというスリル、攻撃側と守備側の行き詰まる攻防、野球の醍醐味が凝縮されていた。

前述の2試合では、のちにプロ野球に進むスターたちが眩《まぶ》しい光を放った。三沢のエース・太田幸司（元・近鉄バファローズ）は〝甲子園のアイドル〟として女性ファンの心をつかんだ。06年の決勝2試合、24回を投げ抜いた早稲田実業のエース・斎藤佑樹（元・北海道日本ハムファイターズ）は〝ハンカチ王子〟としてメディアに数多く取り上げられ、敗れた駒大苫小牧のエース・田中将大（現・東北楽天ゴールデンイーグルス）はプロ野球で119勝（23年シーズン終了時点）、メジャーリーグで78勝をマークするほどの大投手になった。

1996年夏の決勝戦に、超高校級の選手はひとりもいなかった。卒業後に大学や社会人で活躍した選手は多いが、誰もプロ野球には進まなかった。

それでも、いまだに松山商業と熊本工業の決勝戦は、〝奇跡のバックホーム〟というキャッチフレーズとともに、伝説の試合として語られている。

9回裏、熊本工業の一年生・澤村幸明が放った同点ホームランによって振り出しに戻った舞台に「ライト・矢野（勝嗣）」が上がり、サヨナラ負けを阻止して勝負を決めるチャンスをつくった。

あの決勝戦は、天賦の才に恵まれたスターの激突ではなく、普通の高校生同士の必死の戦いだった。だからこそ、今でも観客の心に残っているのだろう。あの時、松山商業が掲げたスローガンは「勝機一瞬」。この言葉通り、絶体絶命のピンチを防ぎ、一瞬で相手を追い詰めた——彼らになぜあんな戦いができたのか？

日本一になった松山商業の監督をつとめていたのは澤田勝彦だった。１９６６年夏の甲子園で準優勝した松山商業の名捕手・澤田悟の弟として期待されながらもレギュラーをつかめず、進学した駒澤大学でも控えで現役生活を終えた。この時、監督として８年目を迎えていたが、名将でも名伯楽でもない。それまで甲子園に４度出場して２勝しかしていない、39歳の若い監督だった。

それでも、松山商業の選手たちと39歳の監督は、高校野球の歴史に大きな足跡を残した。先輩たちから受け継がれた伝統、猛練習で鍛えられた体と精神力、選手同士の絆、勝利への執念が彼らにはあった。

本書では、澤田の野球人生を振り返りながら、松山商業があの決勝戦で勝利した理由、澤田の指導哲学を掘り下げていく。

「勝負に対する怖さがあるから、一球一球に集中して練習する。そういう練習の中に、人づくりの教育があったんです」

「選手たちの絆を強くするために、より厳しい練習をしました。強い絆をつくることが監督としてのつとめ。それができれば勝負は二の次、そう考えた時にやっと開き直れたような気がします」

「これまで、選手のことを駒だと思ったことはありません。自分の手柄にしたこともない」

「自分で心がけていたことは、損得じゃなくて、善悪で選手たちに接すること」

「私が怒るのは、できることをやらない怠慢プレーがほとんど。舐《な》めたようなプレーは許さなかった」

こういった澤田の言葉には、確固たる信念が感じられる。

彼の指導の元となっているものは何なのか。

教え子たちを日本一に導いた力の源は何か。

苦しい時、迷った時に前を向くことができたのはなぜなのか。

澤田本人の言葉、先輩たちや同期、教え子たちの証言を聞きながら、澤田の考え、〝松山商業の野球〟に迫っていこう。

目次

はじめに――002

第1章 〝奇跡のバックホーム〟はなぜ生まれたのか？――011

キツく叱りつけることが厳しさではない／半レギュラーの選手が生んだ奇跡の瞬間／怖い監督が課す猛練習と厳しい上下関係／3段くらいギアを上げた鬼軍曹／ギリギリまで攻める厳しい指導／サヨナラ負けの大ピンチで「ライト交代、矢野！」／アウトにした瞬間、「矢野に代えてよかった」／最後まで見捨てることなくしっかり見てくれた／本気で怒られたからあのプレーが生まれた／報われない努力の先にあるもの

第2章 レギュラーになれなかった7年間――037

澤田の弟はたいしたことないのう……／日本一監督の教えから学んだ言葉／

選手の気持ちを動かす指導者に／恩師に強引に説き伏せられて駒沢大学へ／6シーズンで優勝5回の黄金期のあとに／裏方の立場でものを見る目／チームの裏方だったからわかったこと／岡石部長のひと言でまた進路が変わった／生涯のパートナーとの出会い

第3章 名門復活までの日々 ―― 067

監督代行として四国大会に出場／窪田監督と澤田コーチの二人三脚／ヤンチャな生徒を追いかける日々／遠距離恋愛の末に最高の伴侶を／今も忘れられない初めての甲子園／桑田・清原のPL学園を追いつめる／指導者として関わった中で「最高のチーム」／澤田を驚かせた真冬の裸ノック／「素直で謙虚」なプレーでレギュラーに／嫌いだった監督とコーチが好きになる／力のなさを自覚して克服した人間／古豪を復活させた松商野球の「虎の巻」

目次

第4章 敗戦を越えてたどりついた日本一 ―― 113

夫婦で寮に住み込み甲子園を目指す／脱走した選手を探して駅や空港へ／甲子園に進出しても初戦負けが続く／監督をやめようとして……恩師と面会／日本一監督からのアドバイス／甲子園の初戦負けで見えたチームの形／厳しさの対価が勝利だった／1996年春、暴力的指導でコーチが退任／同期に言われた「部をやめてくれ」／優勝と準優勝を分けたもの／前監督の言葉を聞いてこぼれた涙

第5章 全国優勝7回、松山商業の野球 ―― 145

日本一になった69年とよく似たチーム／基本を大事にする、一球をおろそかにしない／伝統校の厳しさに直面して新入部員が激減／窪田監督と澤田のコンビは最高だった／日本一の喧騒のあとに訪れた敗戦／負けたらボロクソに言われるのが宿命／「一番苦しかった4年間」を乗り越えベスト4／1点差で勝ち切る野球に大切なもの／5年も甲子園に行けないなんて……

第6章 日本一のボール拾いになれ！――173

監督自ら部室にペンキを塗った／まずは野球をするための準備から／〝鬼の澤田〟が育てたブルペンの芝／強豪校ではない高校のよさに気づく／培ってきた知見を棚卸しして整理する／繰り返し練習して体に覚え込ませる／こけてもこけても立ち上がってきた／松山商業の再建を目指して／レギュラーも補欠も関係ない／今明かす教え子への〝後悔〟

第7章 日本一になれる監督の条件――205

［対談］馬淵史郎×澤田勝彦

巻末付録 ［門外不出！］松山商業の〝虎の巻〟を初公開!!――221

おわりに――236

※文中の肩書、所属などは2024年1月時点のものになります。

デザイン
金井久幸＋横山みさと
（TwoThree）
DTP
TwoThree
カバー写真（澤田勝彦）・取材協力
杉野一郎

第1章

〝奇跡のバックホーム〟はなぜ生まれたのか？

今から40年以上前、高校野球の強豪校には「鬼」と恐れられる指導者がいて、厳しすぎる上下関係があるのが当たり前だった。そういう壁を乗り越えてこそ、勝利はつかめるという考え方が圧倒的だった。

甲子園で実績のある伝統校には野球エリートが入ってくる。猛練習で選手たちをふるいにかけ、全国優勝を狙うチームをつくり上げる。当然、毎日の練習は長く、厳しい。

私が生まれ育った愛媛県を代表する名門と言えば、春夏合わせて7度も全国優勝した実績を持つ松山商業だ。ある日、甲子園出場のかかる夏の大会に臨む選手たちの練習風景が、夕方のテレビニュースで映し出された。

まだ小学生だった私はそれを見て震え上がった。

至近距離から激しいノックを打ちまくるコーチ、罵声を浴びせられながらも、ユニホームをドロドロにして食いついていく内野手。ノッカーがコップの水を差し出して、こう言う。

「水、飲みたかったら飲んでええぞ」

「いいえ」

「休みたかったら休んでええぞ」

「いいえ」

「じゃあ、タラタラせんと、ちゃんとやれや」

「はい!」

直立不動の選手が大きな声で返事をすると、またノックが再開された。

今では、こんなシーンがテレビで流されることはないだろう。暴力が振るわれたわけではないが、それをイメージさせるに十分な迫力だった。ニュースを見た者は、みんな、「松山商業ではこんな練習が行われているのか。だから強いのか」と思ったはずだ。

キツく叱りつけることが厳しさではない

その松山商業野球部のコーチを8年つとめたあと、監督として18年も指揮をとった澤田勝彦は、高校野球を代表する名門で、選手から「鬼」と恐れられた指導者だ。

1990年夏、監督として初めて甲子園に出て、2勝を挙げた。92年春、95年夏、96年春にも甲子園に出場。96年の夏に日本一になり、2001年夏にも全国ベスト4進出を果たした。甲子園には春夏合わせて6度出場し、12勝を挙げている。

「上甲さんが甲子園でニコニコしとるのに、こっちは『鬼』じゃけん。いつも厳しい表情ばかりしとるように言われてなあ」

澤田は豪快に笑う。

澤田の言う「上甲さん」とは、1988年春のセンバツで宇和島東を率いて初出場初優勝を成し遂げた名監督・上甲正典のことだ。笑顔で采配を振る姿は「上甲スマイル」として有名になったが、厳しい練習で岩村明憲（元・東京ヤクルトスワローズなど）や平井正史（元・オリックス・バファローズなど）らを育てたことで知られている。

その上甲が監督をつとめた宇和島東、済美などと甲子園出場を目指してしのぎを削った澤田は、2021年夏の愛媛大会を最後に監督業から退き、42年の指導者生活の幕を閉じた。

澤田は言う。

「個々の能力で劣っていても組織の力で対抗すれば勝利することができる、それが高校野球の醍醐味ではないでしょうか。勝負に対する怖さがあるから、一球一球に集中して練習する。そういう練習の中に、人づくりの教育があったんです」

駒澤大学を卒業したあと、１９８０年から母校の松山商業野球部のコーチをつとめ、86年夏の全国準優勝を経験している。88年９月に監督に就任してからは、プレッシャーに押しつぶされる毎日を過ごした。

「27年間は毎日が針のむしろで……でも、プレッシャーがあるから指導者も選手も成長することができた。練習を見に来てくれるファンがたくさんいて、常に人の視線にさらされて、一瞬たりとも気が抜けなかった。その積み重ねがあるから、松商は土壇場で強かった」

澤田が先輩から受け継ぎ、コーチ、監督として守ってきたものは何か。

「相手にムダな点をやらないで、少ないチャンスをモノにしてそれを守り抜く、緻密な野球ですね。反復練習をしないと基礎となる技術は身につかない。そのためには指導者の根気がいります。毎日毎日、同じことを言い続けないといけない」

澤田は気を抜いたプレーを嫌った。スキを見せた瞬間に、相手に付け込まれるからだ。そんな時、澤田は鬼になった。

「教え子にも『あの監督は厳しい』と言われてきましたが、ガーガー怒ること、キツく叱りつけることが厳しさではないと考えています。野球における厳しさとは、ひとつのミスを許さない、ひとつのプレーもおろそかにしないこと。そのために全力を注ぐのが、本当の意味での厳しい監督だと思います。

試合の時だけじゃなくて、普段の練習の時から厳しい目で選手たちのプレーを見ないといけない。それが本当の厳しさだと選手たちにも言い聞かせてきました」

たったひとりの気の緩みが、敗北を招く要因になる。

「練習の時から、ひとつのミスも許さないという姿勢が大事です。野球はひとりで完結するプレーよりも、複数の人間が関わることが多い競技です。たとえば、三振だってキャッチャーが捕れなければ振り逃げになる。内野ゴロもそうです。外野からの中継プレーでは3人がかりでひとつのアウトを取らないといけない。ひとりひとりが自分の仕事をまっとうすることが大事。それがチームプレーです」

高校野球の指導者の仕事はグラウンドの中だけではない。

「すべてにおいて、野球が教えてくれるんです。普段の生活がいいかげんなのに、野球の時だけきっちりしたことができるはずがない。学校や家での生活や態度がグラウンドで出てしまうんです。その人の人間性が野球に出る。監督やコーチが見ていないところでもきちんとしたことができるかどうか。

人間性は必ず、結果としてプレーに出てくる。いい結果を求めるプロセスの中で人間が形成されるんやと思っとります」

半レギュラーの選手が生んだ奇跡の瞬間

100年以上の歴史を誇る高校野球では、数え切れないほどのヒーローが生まれてきた。しかし、エースでも四番打者でもないのに、高校野球の歴史を変えるプレーをした選手がいる。

1996年夏の甲子園、松山商業と熊本工業（熊本）との決勝戦——10回裏ワンアウトからライトのポジションに入った外野手が、のちのちまで〝奇跡のバックホーム〟と語り継がれるスーパープレーを見せた。ダイレクトの大返球で三塁走者を刺した矢野勝嗣だ。

名門・松山商業の背番号9をつけてはいたものの、エースが降板して外野に回るたびに押し出されてベンチに戻る「半レギュラー」の位置づけ。

準決勝の福井商業（福井）戦で7回表ツーアウト満塁の場面で代打を送られた外野手に注目する人はほとんどいなかった。

熊本工業との決勝戦ではスターティングメンバーから外れてベンチスタート。この選手起用が、3時間後に「奇跡」を生む布石になるとは、ラインアップを決めた澤田は想像もしていなかった。

伝統校同士の決勝戦。3対3で迎えた10回裏。ワンアウト三塁、1点を取られれば負けるという場面で、澤田は続くふたりの打者との勝負を避ける敬遠策を指示。ここでライトに起用されたのが矢野だった。

熊本工業の三番打者・本田大介が打った打球はライトへの飛球に。三塁走者・星子崇がタッチアップをしてホームを踏めばサヨナラ……。テレビ実況を行ったアナウンサーが「いった！　これは文句なし」と叫んだほどの打球だった。

矢野は一度下がってからフライを捕り、ホームにダイレクトで投げ込む。力強い送球を受けた石丸裕次郎捕手のミットが三塁走者の星子を叩いた。ピンチを救う大遠投が日本中を驚かせた。

矢野は11回表の打席に立ってツーベース。それをきっかけに3点を挙げた松山商業がそのまま逃げ切り、27年ぶり5度目の夏の甲子園優勝を果たした。

あれから四半世紀が過ぎても、〝奇跡のバックホーム〟が色褪せることはない。

矢野が当時をこう振り返る。

「自分たちにとって厳しい、絶体絶命の場面を想定して、いつも練習してきました。ミスしたら終わりというプレッシャーの中で練習したことが、甲子園で生きたんでしょうね。あの場面でも、『普段の練習に比べたら、たいしたことない』と思えました」

松山商業野球部の厳しい練習が生んだプレーだったと矢野は言う。

怖い監督が課す猛練習と厳しい上下関係

昔から松山商業は愛媛県内のみならず、県外からも腕自慢が集まる強豪校だった。硬式野球で鳴らしたエリートがたくさんいるなかで、軟式野球出身の矢野は目立たない存在だった。

「まわりのほとんどの人に『松商は厳しいから、やめたほうがいい』と止められました」

甲子園で実績のある強豪校には怖い監督が課す猛練習と、厳しい上下関係があるというのが、当時の高校野球界の常識だった。

野球部には、長く受け継がれた「しきたり」があった。授業が終了した3分後にはユニホームに着替えてグラウンドにいなければならない。校内は全力疾走。一年生は風呂敷以外のバッグを使用することが許されなかった。

矢野が新入生として壁にぶつかって悪戦苦闘している時、すでにレギュラー組で練習をしている同期がいた。のちに甲子園で強打を連発し「伊予のドカベン」の愛称で人気を集める今井康剛だ。

「硬式をやっていた同期の選手との差を感じました。『レベルが違うなあ』と。『ここでやっていけるんか……』と思いました」

選手たちの動きに目を光らせるコーチがいて、その後ろには「鬼の澤田」と恐れられる監督が立っていた。

矢野が言う。

「澤田監督はとにかく、怠慢プレーに対して厳しかった。僕は舐めたプレーができるほどの技量も余裕もなかったので、ひたすら一生懸命に取り組みました。くそ真面目にやるしかなかったけど、それが裏目に出ることも多かったですね。『失敗したらどうしよう……また怒られる』という悪循環によく陥って、思い切ってプレーができないという感じで。ミスがミスを呼ぶというのか。でも、『すみません』とは言いながら、常に『くそっ』と心の中で思っていました」

3段くらいギアを上げた鬼軍曹

1995年夏の甲子園に出場した松山商業だが、1回戦で旭川実業（北北海道）に敗れた。主力に二年生が多かったため、澤田には期するものがあったのだろう。さらに厳しい練習を課した。その成果が出て、翌春のセンバツにも連続出場。しかし、また1回戦負けを喫してしまった（宇都宮工業に3対7）。

甲子園でも勝利が求められる名門にとって、初戦での敗退は屈辱的。松山まで帰るバスの中で、澤田監督が「鬼の形相」をしていたことを背番号9の矢野は強烈に覚えている。

「あの表情を見たら、夏までの100日あまりは大変なことになると覚悟しました」

矢野の想像通り、練習は熾烈を極めた。伝統である鉄壁の守備、緻密なサインプレーは時間をかけなければできない。日々、ピリピリした空気の中で、反復練習を繰り返す選手たち。指導する監督の表情は厳しかった。

「澤田監督は普段から、鬼軍曹というか、そういう厳しい方でしたけど、ギアが3段くらい上がったような気がします。

それまでよりもプレッシャーがかかる練習メニューが増えました。もっと気持ちを鍛えようという意図があったのかもしれません。練習時間も長かったですけど、集中力が求められるような内容だったですね。質は上がったと思います。とことん、追い込まれました」

ギリギリまで攻める厳しい指導

ノーエラーで全員がノックを終えられれば練習終了。最後に打球を処理するのはライトの矢野だった。しかし、悪送球をして、またはじめから。そんなことを繰り返した。

「誰かにミスが出れば、徹底的に絞られる。自分のせいで仲間に迷惑をかけないように、連帯責任にならないようにといつも思っていました。僕はミスが多いから、仲間に『矢野がいたら練習が終わらんから野球部をやめてくれ』と土下座して頼まれたこともありました。あれはつらかったですね。

監督に怒られるのはまだいいんです。自分が期待されているということだから。もうダメだと思ったなら、メンバーから外されるはずですから。怒られない日が続くと、逆に不安になりました」

当時の矢野について、澤田監督はこう言う。

「せっかくいいものを持っていながら、控えめな性格が邪魔をしている。度胸をつけさせるために、予告ホームランをしてダイヤモンドを1周する練習をさせたこともあります。でも、全然、さまにならない（笑）」

澤田はセンバツで1回戦負けを喫したあと、秘かに大きな決断を下した。力をつけてきた二年生の控え投手、新田浩貴を主戦に据え、エースの渡部真一郎と併用することだった。打撃力のある渡部は、登板しない時には外野の守備につき、矢野はベンチに下がることになる。自分が新田起用のあおりを受けることになるとは、矢野は気づいていなかった。

「渡部はバッティングがよかったから、ピッチャーで打たれたら外野に回る。澤田監督は、レフトを守らせるかライトにするかで迷ったと思うんですが、レフトの選手の調子がよくて……渡部がKOされたら僕がベンチに戻る、というのが定番みたいになりました」

矢野にとって最後の夏の愛媛大会準決勝で、岩村明憲のいる宇和島東と対戦。松山商業の先発投手は渡部だったが、3回までに4点を奪われて降板。スタメン出場していた矢野は一打席も立つことなく、ベンチに戻った。

「渡部は立ち上がりに不安があったので、しっかりと投げてくれといつも言っていたんですが……交代するためにライトに走ってくる時にすました顔をしているのを見て、何度もむっとしましたし、何もできない自分に腹が立ちました。

試合は続いているのに、もう自分の出番はありません。ベンチに戻った時には気持ちが落ちているんですが、そういう姿をまわりに見せるわけにはいきません。一塁コーチャーとして、必死に声を出しました」

乱打戦になった準決勝を松山商業が制して決勝に進出した。相手は強豪の帝京第五。この試合に勝てば2年連続の甲子園出場が決まるが、矢野は先発メンバーから外れ、一塁コーチャーとしてしか試合に関わることができなかった。試合には4対2で勝利したものの、最後まで出番はなし。

「チームが勝ったのはうれしかったけど、悔しさが残った試合でした」

いつの間にか、半レギュラーになっていた矢野の心の中にはどんな思いがあったのか。「一生懸命にやっているのになんで……」という気持ち、「甲子園では絶対に見返してやる」という反骨心。両方を持ったままで、秘かに、甲子園での雪辱を期していたのだ。

「いつも練習しているのに……監督は見てくれていないんじゃないか……というのは、正直、ありました。1試合、1試合が勝負だと考えていたので『しっかり見てほしい』と思っていました」

愛媛大会の決勝でスタメンから矢野を外した澤田だが、彼の姿をしっかり見ていた。澤田は当時を振り返って、こう言う。

「少しでもチームに貢献しようと、自発的に一塁コーチャーに立つんですよ。腐らずにやっている姿を見せるから、こちらも『何とかしてやりたい』という気持ちになる。最後の最後まで、スタメンを誰にするか、悩ませた張本人ですよ。ちょっとでも腐った態度が出ていたら、悩む必要はなかったんです（笑）」

控えめで謙虚、目立たないところでも黙って努力するタイプの矢野にとって、他人を押しのけて自分をアピールすることはなかなかできなかった。

矢野が言う。

「澤田監督には毎日のようにその部分を指摘され、『もっと内面を出せ』と言われ続けました。でも、思い切りがよくなくて……考えれば考えるほど、できなくなりました。

澤田監督には相当怒られました。ストライクを見逃したり、消極的なプレーをしたりした時には特に。今思えば、『殻を破ってほしい』という親心だったと理解できますが、当時は毎日が苦しくて、苦しくて。でも、今考えると、澤田監督はギリギリのところまで攻める厳しい指導をされていたんじゃないでしょうか」

野球は失敗の多いスポーツだ。好打者でも打率は3割ほど。7割はアウトになってしまう。それでも、「次は絶対に打ちます!」という気概を見たいのが指導者なのだが、矢野からは闘志がうかがえなかった。

調子がいい時には積極的なプレーができるのに、調子を崩すと覇気がなくなる選手がいる。ふさぎ込んで下を向くとミスが増える。カラ元気でも大きな声を出せば、流れがよくなると澤田は考えていたのだろう。能力がありながらもうひと伸びができない矢野に荒療治を施したのだ。しかし、まだまだ効果は出ず……。

この時点で、矢野の甲子園決勝での雄姿をイメージできた人はどこにもいなかった。

サヨナラ負けの大ピンチで「ライト交代、矢野!」

松山商業は1回戦で東海大三(現・東海大諏訪、長野)を8対0で撃破。2回戦では東海大菅生(西東京)に6対5で競り勝った。この試合でスタメン出場した矢野はヒットを打っている。

3回戦の新野(徳島)戦、準々決勝の鹿児島実業(鹿児島)戦の先発マウンドに上がったのは二年生の新田。その後も、試合巧者の松山商業らしい粘りで勝ち進んでいき、準決勝で福井商業（福井）に5対2で勝利し、10年ぶりの決勝進出を決めた。

古豪・熊本工業との決勝戦。先発マウンドに上がったのは新田。スタメンに矢野の名前はなかった。

先発出場→途中交代ばかりだった矢野にとって、出番がなさそうな展開だった。矢野にできることは、一塁コーチャーとして仲間を鼓舞することだけ。

初回に3点を取った松山商業が主導権を握り、試合を優位に進めた。9回表が終わった時点で、3対2でリード。あと3つのアウトを取れば、27年ぶりの全国優勝が決まる。しかし、ツーアウト走者なしから、新田が熊本工業の澤村幸明に同点ホームランを浴び、同点のまま延長戦に。

10回裏の熊本工業の攻撃。その回の先頭打者の星子がツーベースを放った。ここで、松山商業のマウンドに背番号1の渡部が上がり、新田はライトのポジションに入った。送りバントでワンアウト三塁。ヒットはもちろん、スクイズでも、外野フライでも、ワイルドピッチでもサヨナラ負けになる大ピンチ。澤田が敬遠策を取って、ワンアウト満塁になった。

澤田がその場面をこう振り返る。

「延長は18回まであるのに、新田をベンチに下げて、ピッチャーを渡部ひとりにしていいのか、自問自答していました。その時、『今を逃れられなかったら、先はないぞ』という言葉が頭の中に降ってきました。すでに球審のプレーがかかっていたけど、タイムをかけて『ライト交代、矢野！』と叫びました」

アウトにした瞬間、「矢野に代えてよかった」

ベンチに引っ込められることが多かった矢野にとって、初めての途中出場だった。試合前のシートノックのあと、キャッチボールもしていない。絶体絶命のピンチの場面での突然の指名にもかかわらず、静かに燃えていた。

「緊張感は特にありませんでした。最後の最後、一番大事なところで名前を呼んでもらって、うれしかった。大ピンチだったけど、『監督が選んでくれた！』と思って」

試合が再開した瞬間、肩をグルグル回してライトのポジションについた矢野のところに、いきなり打球が飛んできた。

「はじめはホームランだと思ったけど、風に戻されました。タイミング的には難しいと思ったので、イチかバチかでのノーバウンドでキャッチャーに投げました」

こうして、「奇跡のバックホーム」として長く語り継がれるスーパープレーが生まれたのだ。

澤田は言う。

「ホームでアウトにした瞬間、『矢野に代えてよかった』と思いました。甲子園が波打つのを初めて見ました」

大ピンチを救った矢野はベンチに戻るまでにガッツポーズを繰り返し、笑顔で迎えてくれた澤田監督に控えめに抱きついた。

奇跡には続きがある。むしろ、ここがスタートだった。

「チームメイトに『俺はやったぞ！』と言いたかったんですが、僕と交代した新田が『矢野さんの打順ですよ』と言うので、興奮したままで打席に入りました。いつもはそんなことは絶対にできなかったのに、ピッチャーに向かって『よし、来い！』と叫んでいました」

初球のカーブを振り切った矢野。ツーベースを打って、二塁で両手を突き上げる姿を見て、澤田監督も興奮していた。

「ベンチで涙が出そうになりました、『矢野、それだよ』と。うちはガッツポーズ禁止ですが、あの時は最高の顔をしていました」

矢野の一打をきっかけに、沈黙していた松山商業打線が元気を取り戻した。その回に3点を加え、全国優勝を手繰り寄せた。

最後まで見捨てることなくしっかり見てくれた

さまざまな葛藤を抱えていた矢野の思いがすべて報われた試合だった。

チャンスで代打を送られた時、打席に立つことなくベンチに戻った時。出番なく、ゲームセットの瞬間を迎えた時。おそらく、監督に対して不信感を抱いたこともあっただろう。

「どうして俺を使ってくれないのか」

「なぜここで代えられてしまうのか」

「監督は俺のこと、見てくれていないんじゃないのか」

ネガティブな感情に支配されたこともあったが、矢野は最後まで監督を信じ、監督は最後の大ピンチで矢野にすべてを託したのだ。

本気で怒られたからあのプレーが生まれた

その決断の裏には澤田監督の信念があった。

「悪い結果が出た時に、『あいつがやったんなら仕方がない』と思われる選手になるか、『やっぱりあいつがやったか』と言われる選手で終わるか。ここには大きな違いがあります。大事なのは、普段からどれだけ練習に対して思いを持ってやるかです。あの場面で矢野を起用したのは、普段の生活や態度を見て、信頼できると思ったから」

監督の期待に応え、大仕事をやってのけた矢野は言う。

「澤田監督のもとで野球ができて、本当にいい思いをさせてもらいました。よく怒られたし、やめようと思ったことは何度もあります。それでも野球を続けたのは、澤田監督が僕を見捨てることなく、最後までしっかり見ていてくれたからです」

矢野にとって、甲子園での最後の打席。ピッチャーに向かって「よし、来い！」と叫んだのも、初球の変化球を打ったのも初めてのことだった。ヒットを打って、塁上で派手なガッツポーズをしたことも、それまでは一度もなかった。

「最後の最後で、自分を解放することができました。なかなかチャンスに恵まれなくて、その間に溜まっていたものをバーッと出した感じですね。僕にとっては、バックホームよりも、ツーベースを打ったことのほうがうれしかった」

矢野が不満を口にすることも、態度に表すことも一度もなかった。どんなにうまくいかない時でも、不平不満も、文句も、言い訳も口にしなかった。しかし、心の中はもちろん違っていた。

「消極的なプレーをして、練習から外されたこともあります。バットを握らせてもらえなかったことも。レギュラーとの差がもっと開くと思って焦りましたし、澤田監督のことが嫌いになったこともあります。ほんの一瞬だけですけど。

一度、文句を言い出したら、毎日、言うことになりますよね。監督のせいにしたり、ほかの誰かのせいにしたり。大事なのは、自分が置かれた状況で何をするか。その場、その場で臨機応変に対応するしかありません。誰かのことを悪く言い始めたら、マイナス思考に陥るので。うまくいかない時には、『○○のせいで』と思ってしまうんですけど」

報われない努力の先にあるもの

もし、試合途中で交代させられた時に、ベンチで不貞腐《ふてくさ》れていたら？

もし、自分の出番がないからといって、気を抜いていたら？

もし、もうチャンスがないからとあきらめて、努力することをやめていたら？

もし、監督がしっかり見守ってくれていなかったら？

〝奇跡のバックホーム〟は生まれなかっただろう。もちろん、矢野が「バックホームよりもうれしかった」と言うツーベースも。

野球の神様がいるのなら、矢野の姿をどこかで見ていたはず。そうでなければ、「奇跡」は生まれることなく、松山商業の優勝も消えていたに違いない。

どれだけバットを振っても、ヒットを打てるかどうかわからない。

何回バックホームの練習をしても、甲子園のあの場面で成功する確率は高くない。

あのプレーがうまくいく確率を冷静に考えたら、5パーセントあったか、3パーセントあったか……。失敗する可能性のほうが高かったのは間違いないだろう。

矢野が野球の神様に選ばれたとするならば、それは見返りを求めることなく野球に打ち込んだからだ。

試合途中にベンチに下げられても、大きな声を出す。

出番がなくても、バットを振る。

不遇な時でも、腐らず、誰かのせいにしない。

矢野はこう続けた。

「努力をしたからといって、絶対にいい結果が出るとは限りません。一生懸命にバットを振ったから、ヒットが打てるわけでもありません。でも、ヒットが打てた時、うれしいじゃないですか」

今でも澤田の顔を見るたびに初心を思い出すという。

「高校時代は澤田監督が怖くて怖くて、会話をする時にはいつもドキドキしていました。今ではさすがにそんなことはありません。でも、お会いする時は、初心に戻るというか、背筋が伸びるような気がします。本当に心から尊敬できる指導者です。もし澤田監督がいなければ、今の僕はありません。あの時に本気で怒られてよかったと僕は思います。当然、痛いし、つらいんですが、あの体験から得られたものは多かった」

澤田は、矢野のプレーを振り返って言う。

「たとえ、矢野のバックホームが悪送球になって負けたとしても、それまでの練習に取り組む姿勢を見ていたので、『あいつがやったんなら仕方がない』と納得したでしょう。野球に限らず、人間関係すべてにおいて大事なのは、『信じる、信じ合う』こと」

矢野はこう言う。

「最後に澤田監督から『信頼していたから使った』と言ってもらいました。その言葉ですべてが報われました」

報われない（かもしれない）努力を続けた「半レギュラー」がつくった〝奇跡のバックホーム〟。それは、監督と選手の間の信頼、強い絆が運んできたものだった。

第2章

レギュラーに
なれなかった7年間

勝つことを義務付けられた野球部には独特の伝統やしきたりがある。

高校野球を代表する名門である松山商業、東都大学野球連盟1部リーグの強豪・駒澤大学は厳しい戒律のあるところだと野球ファンによく知られている。

松山商業に3年、駒澤大学に4年――澤田勝彦はそういうチームに所属していた。

澤田は言う。

「松山商業が1969年夏の甲子園決勝で、三沢（青森）との延長再試合の末に勝って優勝した時、僕は中学一年生でした。

うちの一番上の兄は、66年夏に松山商業が全国準優勝した時のキャプテン。同じ野球部に入ったから、子ども心にものすごいプレッシャーを感じていました。『あの澤田の弟だ』と。その後もずっとついてまわりました」

日本一を本気で狙うチームは猛練習と厳しい上下関係で知られていた。

「なんでそんなに厳しい道を選んでしもうたんかと何度も思いました。でも、やめることなんか、考えられん」

なぜなら、自分は「あの澤田の弟」だという自負があったからだ。

キャプテンをつとめた長兄・悟に続いて、すぐ上の兄・栄治も松山商業の野球部でプレーしていた。だから、名門ならではのしきたりや厳しさを知っているつもりだった。しかし、知っていることと自分で経験することはまったく違っていた。

「一年生は朝6時半に学校に行ってグラウンド整備と掃除をする。きっちり間に合わせて、始業の8時半に教室に飛び込むというのが日課でした。たまに遅れることがあっても『野球部ならしょうがない』という感じで、先生も見逃してくれました」

66年に全国準優勝、69年に日本一になった野球部は、校内では特別な存在だった。

「戦中の軍国主義やスパルタ教育のなごりがあって、暴力的なことはまだまだ残っていた。手が出る先生も多かったしね（笑）。僕らは先輩に見つかったら何を言われるか、されるかわからんから、休み時間も教室に閉じこもってじっとしていました」

監督が課す猛練習の前に、厳しい上下関係があった。

「はじめのうちは修行みたいなもんよ。先輩の付き人みたいな仕事もあって、雑用、雑用ばかり。二年生、三年生になって、やっと野球の練習ができるかなという感じで」

地雷がどこに埋まっているかわからない。先輩の気分次第で、鉄拳が飛んでくる。

「練習中に、自分の担当の場所でボールがイレギュラーバウンドしたら、『もう今日は終わったな……』と思う。ある日、授業が始まってからもひとつ上の先輩が石拾いをしているのが教室から見えた。だけど、先生は何も言わんかったね。グラウンド整備ひとつでも、みんな、必死でやってましたよ」

理不尽なことがたくさんあった。現在の感覚で見れば、どれもアウトのことばかり。「誰かがミスをすればもちろん、連帯責任を問われる。そういうことに矛盾を感じた者は野球部をやめていく。それを呑《の》みこんで、当たり前だと思えた者だけが残りました。ひとりのわがままは絶対に許されないという雰囲気がありました」

それが当時の強豪チームの強さの要因でもあったと澤田は思う。

「やっぱり、誰かひとりでも『自分だけよければいい』という気持ちでおれば、チームは強くなりません。『人のために』と思えるような人間の集合でないと。守備の時のバックアップやカバーリングがそうでしょう。相手のことを考えていないと、体が動かない。グラウンド整備や掃除などの雑用をすることによって、そういうことを学んだような気がしますね」

自分のためにチームがあるのではない。チームがあってこその自分だ。野球部の日課を通じて、そのことを教えられたのだ。

澤田の弟はたいしたことないのう……

澤田と同じ1972年入学組には逸材がいた。3年後に読売ジャイアンツにドラフト外で入団することになる西本聖だ。

「66年に準優勝したチームのエースが西本のお兄さんの西本明和さん（元・広島東洋カープ）で、キャッチャーがうちの長兄の悟。ほかにも、準優勝メンバーの弟や親戚がいたこともあって、学校関係者や熱狂的なファンのチームへの期待が高かった。

もともと、松山商業に入ってくるのはエースで四番みたいな選手ばかり。1学年上の先輩は6人だけだったこともあって、下級生のうちから試合に出る選手も多くてね」

しかし、のちにプロ野球で活躍する好投手・西本を擁しながら、甲子園は遠かった。

「当時は愛媛大会で優勝しても、香川の代表と戦って勝たないと甲子園には行けなかった。一年生の時は高松商業に負けたんよね。73年夏も74年夏も愛媛大会で負けてしまいました」

澤田は正捕手ではなく、控えとしてチームを支える存在だった。

「兄たちのことがあったから、『西本―澤田のバッテリーで甲子園や』とファンの方に言われたもんですが……『やらないかん』という思いがありながらも、期待に応えることはできませんでした。『澤田の弟はたいしたことないのう……』という声も聞こえてきてね。

冷静に振り返ってみると、体も小さいし、力も足りんかった。『補欠で終わってたまるか』と思ってやったけど……当時の一色俊作監督は、正捕手にハッパをかけるために時々、僕を使ってくれたんやと思います」

69年に松山商業を日本一に導いた一色俊作は37（昭和12）年生まれ。明治大学野球部で島岡吉郎監督の薫陶を受けた一色は、全国優勝を果たした時にはまだ32歳の青年監督だった。

「もちろん、すごい監督さんやというのは知っていたけど、入学してからは一日一日を生きるので精一杯で、あいさつするくらいであまり接触する機会はなかったね。ただ、勝負に対する執念、情熱というものが伝わってきました。厳しさの反面、優しさを持った方でした」

日本一監督の教えから学んだ言葉

澤田にとって、一色は近寄りがたい存在だった。鬼のように厳しいということもあったが、尊敬の念が強かったからだ。

「林隆啓さんという鬼コーチがおられて、この方ものすごく厳しかった。でも、夏の大会前の合宿では、ふたりでミーティング中に掛け合いをして選手たちをリラックスさせてくれるということもありました」

澤田は母校の野球部監督を任される時に「日本一のボール拾いになれ」という部訓を掲げた。これは、一色から学んだものだ。

「よく、一色監督が言ってたんよね。キャッチフレーズ的な感じではなかったけど、ミーティング中に心構えとして言われたことがずっと頭に残っとった。高校時代に聞いてから十数年経ってから、部訓にしようと決めました」

野球をするからには、誰だって試合で活躍したい。

エースになりたい、四番打者になりたい。

自ら望んで、ボール拾いをする人間はいないだろう。

しかし、人が嫌がることでも日本一を目指せ。

目立たないことを一生懸命に！　日本一になれるくらいに打ち込めば、個人もチームも絶対に強くなる。

「一色さんのことを思い浮かべた時、この言葉が浮かんできました。現役時代も、コーチ、監督になってからも胸に刻んできました」

一色が課した猛練習は今も伝説として残っている。

「あれは、三年生になる前の2月くらいかな。一年で一番寒い時期に、一色監督が『今日は三坂まで行ったら練習は終わりじゃ』と言う。あまりにも寒かったから、ボールを使った練習よりはロードワークのほうがマシじゃいうことで、みんなが一瞬、喜んだんよね」

三坂とは、松山市の中心部から25キロも離れた三坂峠のことだった。

「三坂がどれだけ遠いかわからんまま、走り出したんじゃけど、どれだけ走っても着きゃせん……坂をずっと上っていって『やっと着いた』と思ったら、今度はずっと下り坂。みんな、膝をやられてまともに走れない。家から学校までは自転車通学やったんやけど、ペダルをこげずにずっと押しながら帰った記憶があります」

練習の目的や効果などを選手が指導者に尋ねることができる時代ではなかった。「走れ！」「はい」で終わりだった。

「監督が『あのカラスは何色や？　白やな！』と言われたら、『はい、白です』と答えないといけない。監督に『走れ！』と言われたら、黙って走る。そんな時代だったですね。でも、ずっと気になっていたから、数年経って一色さんに聞いたんです。三坂峠までの往復50キロランニングの意味を」

1969年の全国優勝メンバーが集まると、「○○まで走った」「○○まで行かされた」という話になっていたという。彼らを黙らせるために行ったのが三坂峠までの往復ランだったのだ。

「一色さんは『あいつらがうるさいけん』と言う。もっと深い意味があるかと思ったら、そんなことかと……『なんや、それ』と腹立たしい気持ちになりましたけどね。高校野球の基本は反復練習、繰り返しの練習が大事なんです。理論ばかりが先走ってしまって知識ばっかりで頭でっかちになっていたら、できることもできない。体に覚え込まさなかったら、試合では使えん。一色さんはそんなことを教えてくれたように思います」

選手の気持ちを動かす指導者に

澤田とともに甲子園を目指して戦った西本聖は高校時代についてこう振り返る。

「入学してからの1年間の厳しさは今も忘れることができません。苦しい生活、厳しい練習を一年生の仲間でどうにか耐えましたね。みんなで励まし合って、助け合って」

西本の胸には苦い思いがある。

「高校時代に多くの方にものすごく応援してもらったのですが、3年間で一度も甲子園に行けなかった。自分の中には『みんなの期待を裏切った』という思いがあって、松山に帰ることに対して気が引けますね、いまだに」

高校時代の悔しさを胸に、西本はドラフト外で読売ジャイアンツに入団し、澤田は駒澤大学に進んだ。

西本はプロ2年目に一軍登板を果たし、1977年には8勝をマーク。80年には先発ローテーションの柱となり14勝を挙げた。それ以降、85年まで6年連続で二桁勝利を記録し、江川卓とともにジャイアンツの二枚看板となった。しかし、高校時代に控え捕手だった澤田は大学でも脚光を浴びることはなかった。

「僕は高校時代、控えの大変さがよくわからなかったけど、プロに入ってから一軍で芽が出なかった時期に、実力を発揮できないもどかしさや苦労を知りました。高校時代、澤田はほかの選手を励ましながら、じっとチャンスを待っていたんでしょうね。試合に出ていた僕たちよりもつらかったのかもしれない。高校時代、ふたりでもっとバッテリーを組みたかったなという思いはあります」

西本は沢村賞、日本シリーズMVPを獲得（ともに81年）、89年に移籍した中日ドラゴンズでは最多勝、最高勝率、カムバック賞を手にした。プロ通算165勝という成績を残して、38歳でユニホームを脱いだ。

「僕は甲子園に出られなかった悔しさをバネにプロ野球で戦ってきました。長くプレーする間に、松商野球部のよさに気づくことができました。今の自分があるのは松商野球部で鍛えられ、育てられたから」

澤田について西本は「選手として控えを経験したこともあって、忍耐力のある指導者だと思う」と言う。

「精神的な強さを持っている人ですね。経験はとても大切なこと。試合に出ていた人間にはわからないことを控えの選手はよく知っています。野球をするうえで大切な考え方や気持ちを、彼が一番わかっているんじゃないでしょうか。

選手に声をかけたり、勇気を与えたり、そういうことのできる指導者。高校でレギュラーになれなくて、大学でも4年間我慢したという、それに尽きるでしょう。人間というのは、体が気持ちを動かすんじゃなくて、気持ちが体を動かすんです。彼はそういう気持ちの部分を指導してきたんだろうと思います」

恩師に強引に説き伏せられて駒澤大学へ

甲子園に出場できなかったチームの控え選手が野球を続けられる場所は少ない。大学や社会人の強豪チームは純粋に戦力を欲しがるからだ。松山商業での〝修行〟を終えた澤田には、野球を続けるという意思はなかった。

「大学に行く気はまったくなかったね。同じキャッチャーのポジションに四番を打つ選手がいて、僕には実績がない。就職でもしようかなという思いがありました」

当時の日本の大学進学率は40パーセントほど。商業高校であれば、卒業後にすぐ就職というのがよくある進路だった。

「父親は大学に行ってほしいという気持ちがあったのかもしれません。ただ、自分自身にそんな気持ちはない。ましてや野球を続けられるとも思っていなかった。でも、松山商業野球部の名物部長だった岡石積先生に『大学に行って野球をやれ』と言われたんです」

岡石は澤田の運命を変えた男だ。この時、大学進学を渋る澤田を強引に説き伏せ、進学を約束させた。

「兄貴もお世話になった先生になかば命令された形だったんやけど、大学で野球をするつもりがないから『はい』と言いたくない。こっちは正座したまま、『大学へ行け』『行きません』という問答を続けた末に、『おまえは、こんなんで野球を終わらせてえんか』と先生が言う。最後には手も出たので、『そんなに言うんなら、やったるが！』とタンカを切ったんです」

あまりにも乱暴すぎる進路指導だが、それは澤田家と岡石の間に強い絆があればこそだったのだろう。挑発に乗せられる形で、澤田の駒澤大学への進学が決まった。もちろん、野球部に入部する。駒澤大学で主将をつとめた兄のあとを追うことになった。

東都大学リーグに所属する駒澤大学は１９４７年の創部。64年に初めての全国優勝を果たし、70年代には東都リーグを代表する強豪チームになっていた。71年から指揮を任されていたのが太田誠監督だった。

「甲子園で準優勝した兄貴は駒澤大学でキャプテンをしていました。ポジションは同じキャッチャー。兄貴の球歴が球歴なだけに、比べられるのは間違いない。絶対にキツい思いをするだろうなと覚悟していました」

松山商業の時と同じように「澤田の弟なのに……」という視線にさらされることは容易に想像できた。

野球部に入部した澤田は不思議な気持ちを味わった。

「入部したらすぐにいろいろなところにあいさつに行くじゃないですか。食堂のおばさんとかに『澤田さん、どうしたの?』と言われてね(笑)。自分ではそう思わんけど、顔がよく似ていたようです。みんなに、兄貴に間違われて」

当時の駒澤大学の四年には中畑清、平田薫、二宮至(いずれも読売ジャイアンツ入団)がいて、三年には森繁和(元・西武ライオンズなど)、大宮龍男(元・日本ハムファイターズなど)などのちにプロ野球で活躍するメンバーが揃っていた。

6シーズンで優勝5回の黄金期のあとに

澤田は当時をこう振り返る。

「四年生とは年齢差もあって、大人の怖さを感じたね。誰かがミスをすれば説教されて連帯責任を取らされるというのは同じ。ただ、高校の時と違って、毎日ではなかったから助かった」

高校時代に修羅場をくぐった経験が大学で生きたという。

「高校の時にもっと厳しいことを経験していたから、大学での日々は少しだけ軽く感じた。寮生活の大変さはあったけど。はじめに60人ほどが入部して、最後まで残ったのは23人。一年の時は厳しかったですよ」

澤田と同じ年に入学したのが、のちに主力メンバーとして西武ライオンズ（現・埼玉西武）で黄金時代を築いた石毛宏典だ。

「石毛は市立銚子（千葉）という高校の出身で、駒澤でのはじめの1年間は本当に大変だったと思う。いきなりレギュラーになって、首位打者争いもしたからね」

1970年代半ばの駒澤大学には精鋭が揃っていた。澤田が入学した75年春のリーグ戦で優勝し、全日本選手権も制した。秋季リーグでも優勝を飾り、明治神宮大会では準優勝。翌春のリーグ戦も優勝（秋は2位）を果たし、77年も春秋連覇を飾っている（全日本選手権で優勝）。

「黄金期ですよね。6シーズンで優勝できなかったのは1回だけで、それも2位。優勝慣れしたところがあって、優勝のビールかけも盛り上がらん感じやったね。『もう、ええやろ……』と」

しかし、四年生になった時、優勝候補の筆頭に挙げられた駒澤大学は春季リーグ戦で最下位に沈んだ。

4部まである東都リーグでは、1部の最下位と2部の優勝チーム、2部の最下位と3部の優勝チーム、3部最下位と4部優勝チームによる入替戦がリーグ戦のあとに行われる。

「当然、優勝を狙っていたのに、リーグ戦が始まったら全然勝てない。あれよあれよと言う間に最下位になって、入替戦をすることになりました。もし負けたら、2部に落ちる。

2部優勝の日本大学と1部残留をかけて戦って、なんとか勝ちました。最後にはピッチャーを使い果たして、ショートの石毛がマウンドに上がるという乱戦になってね。入替戦に勝つまでは本当に生きた心地がしなかった。でも、あの厳しい入替戦があるから、戦国東都と言われるあのレベルが維持されとるんやろうね。東都は今でも日本一厳しいリーグだと思う」

澤田には忘れられないシーンがある。入替戦の前、東京六大学の優勝校として全日本選手権を戦い終えた明治大学の島岡吉郎監督が一升瓶を持ってグラウンドを訪れた。

「グラウンドが近かったので、明治とはよく練習試合をやっていました。僕たちが入替戦に向けて練習をしていると、ユニホームを着た島岡さんが車から降りてきたんですよ。全日本選手権で優勝した帰りでした。『太田、俺の運をやろう』と言って、島岡さんが一升瓶を太田監督に渡すのを見ました。すぐに『島岡さんから一升瓶をもらったぞ』と太田さんが言って、みんなで盛り上がりました」

リーグは違えど、野球を愛する者同士の絆がここにもあった。

「人と人との縁を大事にしないとなと思いました。島岡さんも、駒澤が入替戦に回ったことを気にかけてくれていたんでしょう。優勝したその足で、こちらまで駆けつけてくれた、その行動がありがたいし、素晴らしいと思いました。自分が喜びの絶頂にいる時にでもほかの人を思いやれる優しさを持った方なんだなと」

2部落ちを回避した駒澤大学だったが、秋季リーグ戦は4位に沈み、澤田の駒澤大学での4年間が終わった。

澤田が言う。

「兄が駒澤でキャプテンをやったこともあって、絶対にレギュラーになってやろうと思いました。のちに阪急ブレーブスに入ることになる長村裕之という後輩が入ってきて、彼に勝てんかった。でも、『レギュラーになろう』という気持ちを持ち続けました」

その姿勢が認められて、四年生でバッテリーコーチとしてベンチ入り。1試合だけスターティングラインアップに名を連ねた。

「その試合は相手の先発ピッチャーが右か左かわからんかったから、偵察要員として。出番が来る前に交代でした（笑）」

プレーヤーとして日の目を見ることはなかったが、のちにプロ野球でも大選手になった石毛も、澤田の姿勢を評価してくれたという。

「ずいぶんあとになって聞きましたが、『実力はたいしたことなかったけど、練習はよう頑張った』と認めてくれていたみたいです。それが僕の誇りですね」

裏方の立場でものを見る目

一年春からレギュラーをつかみ、四年生の時には主将をつとめた石毛は大学時代をこう振り返る。

「新入部員が60人ほど入ったけど、最後まで残ったのは23人。みんな、それぞれに意地みたいなものがあったんじゃないかと思う。

もし野球部をやめたら男としてみっともないし、カッコ悪い。お世話になった人の顔に泥を塗るわけにはいかない。意地としがらみがあって、やめられないやつが残ったんでしょう（笑）。特に、大学の一年生は、『野球が好き』だけじゃとてもやりきれない」

最後まで裏方として大学生活を終えた澤田について、石毛はこう言う。

「同期で松山商業から4人ほど入ってきたんですよ。澤田はブルペンキャッチャーやバッティング投手など裏方の仕事をよくやっていました。一度、バッティング投手をやっている時に打球が頭に当たって、生死の境をさまよったこともありました」

石毛は、人の目に見えないところで努力を続ける澤田の姿を認めていた。

「澤田は高校、大学と裏方の仕事が多くて、気づきのある人間でしたね。松商野球部の出身で、同じように厳しい駒澤大学でも4年間を過ごした。相当な覚悟があったんだろうし、当時から人間ができていたと思う。

高校、大学7年間で受けた教育、野球部での経験が彼をつくってきた。裏方の立場でしっかりとものを見る目、それが彼の強みですね。松商時代は一色俊作さん、大学では太田誠さんという指導者の薫陶を受けたことも財産になったはずです」

石毛は社会人野球のプリンスホテルを経て、1980年ドラフト1位で西武ライオンズに入団。チームリーダーとして、ライオンズの黄金時代を築いた。現役を引退した後、2004年に四国アイランドリーグ（現在の四国アイランドリーグplus）を創設している。

「大学時代よりも、僕が独立リーグを立ち上げて四国に行ってからのほうが、澤田と話す機会は多かったかな？　20歳くらいの時と40代、50代になってからでは話の内容が違いましたよね」

プロ野球で監督をつとめた石毛は、澤田の指導者としての力量を高く評価していた。

「選手の力量、性格を見極める眼力は素晴らしい。普段の練習の時からいろいろなことを感じながら選手を指導してきたんだと思います。指導者として選手たちと接するなかで人を見る目を培ったと思うし、大変なことがあってもブレることなく野球に向き合ってきた。あの顔にすべてが出ているでしょう(笑)。澤田は、野球を通じて人間をつくる、本当の教育者ですよ。高校野球の指導者は、レギュラーかそうでないかにかかわらず、部員全員にしっかり目配りしないとつとまらない仕事だと思います」

チームの裏方だったからわかったこと

松山商業、駒澤大学という、日本のアマチュア野球を代表する強豪校で7年間を過ごした澤田は何を学んだのか。

澤田が言う。

「入学してから6シーズンで5回のリーグ優勝、日本一2回と準優勝2回。駒澤大学の黄金期と言ってもいいでしょう。でも、四年の時には最下位と4位。入替戦でかろうじて日大に連勝して1部に残ることができました。天国と地獄を味わったことで、わかったことがあります」

チームの裏方として支えてきたから見えたことがある。

「中畑（清）さんの学年、森（繁和）さんの学年は誰が見ても強かった。その次の学年にはエースも主砲もいなくて苦戦が予想されていたんです。でも、春は完全優勝で、秋も制した。その時に、太田監督の手腕がクローズアップされました」

卓越した人心掌握術を持つ太田は選手の心に火をつけるモチベーターだった。監督の言葉で選手が燃えた。

「マスコミも〝太田マジック〟と書いていましたね。われわれには、『太田監督の言う通りにやれば勝てる』というような安心感みたいなものがあったのかもしれません。でも、そういう気持ちがよくなかったんじゃないかとあとで思いました」

グラウンドでプレーするのはあくまで選手だ。監督に頼りきりでは肝心なところで力を発揮できない。

「自分で考えることが大事ですよ。失敗をすることもあるけど、先回りして答えを渡したのでは選手が自分の足りないところに気づかない。高い授業料を払うことになったとしても、やらしてみないことには選手が育たない。指導者になってから、そう思うようになりました」

好打者でも打率は3割、7割はアウトになる。1本もヒットを打たれない、ひとつも四球を出さない投手などそうそういない。失敗してからが勝負なのだ。

「高校、大学の7年間で、いろいろなことを教えてもらいました。一色、太田両監督に体で教えてもらったとでもいうのかな。一色監督、太田監督が目指したものは同じだったように思います」

澤田がのちに掲げることになる「目標は全国制覇、目的は人間形成」というスローガンは、ふたりの名監督との出会いがなければ生まれなかった。

「ふたりの指導を思い出しながら、自分なりに咀嚼した結果、このスローガンが浮かびました。一色さんも太田さんも、情熱あふれる指導者でした。教えを受けた選手たちがプロ野球、社会人に進んで素晴らしい成績を残してきました。だから、僕には尊敬の念があります。と同時に怖さを感じてきました」

岡石部長のひと言でまた進路が変わった

駒澤大学での4年間が終わった。これで厳しい野球から離れることができる。澤田はそう安堵していた。これから始まるであろうバラ色の人生を前に浮き立つ気持ちを抑えられなかった。

「四年生になってから、太田監督の紹介で、太陽信用金庫というところに就職が決まっていました。軟式野球のチームを持っていて、先輩たちも何人かお世話になっていた。軟式では強豪だったけど、今までの野球とは違う。僕は四男なので松山に戻る必要はないから、東京での新しい生活を楽しみにしていたんです」

ところが、1本の電話によって、澤田の人生が変わった。

「中学、高校、大学と、ずっと野球漬けの生活を送ってきたから、ほっとした部分はありました。ところが、あの岡石部長にこう言われたんです。『松山商業に帰ってきて、野球部の指導をせい』。これは参ったと思いました」

澤田は岡石に教員免許を取るための教職課程の授業を取ると話していたが、実際に入学してみると野球部の生活との両立は難しく、途中で断念していた。そのことが岡石の逆鱗に触れた。澤田を母校に迎え入れるための準備を進めていたからだ。

すでに就職先が決まっていると伝えても、それで考えを曲げる岡石ではなかった。

「その前に帰省した時、『教職を取っています』とは岡石先生に言っておったんじゃけど、もともと教師になるつもりはなかった。教員免許を取っておけば何かいいことがあるだろうという気持ちがあっただけで。それなのに岡石先生は教員として戻ってこられるように考えてくれていたみたいで」

しかし、肝心の単位が足りない。

「岡石先生にそのことを告げたらものすごく怒られて……『バカヤロー、教職を取ってますと言いよったろうが』とカンカンで。『自分では教師はつとまらないと思うんでお断りしようかと』と言うと、また怒られてね（笑）。『許さん』のひと言です。監督の紹介ですでに就職が内定していたから太田さんが断ってくれるかなと思ったら『澤田、いい話をもらったな。おめでとう』と言う」

岡石のひと言でまた、澤田の運命が変わった。

こうして澤田は選手の暮らす寮に住み、コーチとして後輩たちを指導しながら、単位取得に励むことになった。

「大学生の時からバッテリーコーチみたいな感じで、ノックを打ったりはしていました。『うまいなあ』とほめられたこともあったけど、指導者になるつもりは全然ないから気にも留めなかった。

大学生の時の僕は、後輩にとって優しい先輩だったと思う。松山商業のコーチになって変わったかもしれんけど、本来はそうじゃない。監督はもちろん、コーチの先輩も数名おられて、指導のイロハを教えていただきました」

コーチとしていきなり成果を残した。

「リーグ戦のあとには一、二年生だけで行う新人戦がありました。太田監督に『新人戦の監督をやれ』と言われたので、神宮球場で采配を振りました。決勝戦で対戦した青山学院の監督が谷本勝幸さんでした。松商時代の一学年先輩で、授業が始まってからもずっとグラウンド整備をしていた人。その時は、駒澤が勝ちましたよ」

生涯のパートナーとの出会い

この進路変更には副産物がある。のちに二人三脚で甲子園を目指すことになる妻の洋子との出会いだ。

「馴れ初めまで話すん？　嘘じゃろう」

澤田が苦笑しながら口を開いた。

「教職を取るために大学野球部の寮に住みこんで、コーチをしながら授業に出ていました。うちの寮のすぐ近くに日本女子体育大学の寮があって、うちの（女房）がおったんよ」

早生まれの澤田が22歳、のちに妻となる洋子が大学四年生、21歳の時のことだ。

「小椋正博さんという先輩が東芝からコーチに来られていて、北海道から上京されていたもうひとりの先輩と食事に行こうとなった。行きつけの焼き鳥屋『江戸っ子』のマスターに紹介されたのが彼女」

ソフトボール部のマネジャーだった洋子との初対面だった。再会したのは1カ月ほどあとのこと。後輩をつれて食事に出た澤田が店を探している時に、寿司屋の前にいたのが洋子だった。

「どこかにお酒を飲める店はないかな？」

そう澤田が尋ねると洋子は「オリーブ」というスナックを勧めてきた。そこは彼女が所属する大学のソフトボール部の行きつけの店だった。

「『みんなで飲んでるので、よかったら』と言われて」と澤田は照れながら言う。

この偶然の再会がなければ、澤田の人生も大きく変わっていただろう。

「オリーブは普通のスナックで、食べものを買い出しに彼女が寿司屋に行ったところだった。ソフトボール部のマネジャーをしていたから、チームをどうやって統率するかとか、後輩たちの指導について質問されてね」

大勢で話し込んでいるうちに、気がつけば朝の5時になっていた。後輩はソファで大いびきをかいて寝ていたという。

「焼き鳥屋『江戸っ子』のマスターを、みんな、『江戸マス』と呼んどったんじゃけど、江戸マスがふたりを引っ付けようとしてたみたいで、10円玉を入れたビニール袋を渡してきて、『これを使って、毎日、電話せいよ』という（笑）。まあ、なんじゃかんじゃあって、付き合うようになったんよ」

澤田は翌春には松山商業で働くために故郷に戻る。洋子は地元・横浜のＹＭＣＡの保育部で水泳や体操を教えることになっていた。

松山と横浜とは距離にして、およそ６５０キロ離れている。携帯電話もなければ、当然、ＬＩＮＥもない時代。テレホンカードさえ、まだ普及していなかった。

お互い、新卒で時間もない。公衆電話が頼りの遠距離恋愛だった。「忙しいのに、よく電話してくれました」と洋子も笑う。

そんな澤田の応援団が職場にもたくさんいた。

「いろんな先生が、『これから銀行に行くけん、１００円玉に両替してきてやろうか』と言ってくれました」

松山商業でも練習を指導したあと、電話ボックスに入り、洋子の声を聞くためにダイヤルを回す澤田の姿があった。

「彼女もソフトボール部で、高校、大学と厳しい経験をしていました。『私らも殴られ蹴られ、這いずりまわって練習してきた』と言うとった。女の戦いはすごいよね。自分が指導者になるにあたってパートナーとして適任やと思ったし、はじめから一緒になりたいという気持ちはありました」

2月生まれの澤田は大卒1年目の終わりごろに23歳になった。

「愛媛に帰る前には『交際させてください』とあいさつに行きましたよ。23歳にしては上出来じゃろ？　松山商業に戻ってからは毎日遅くまで指導をしてたから、電話する頃には夜遅い時間になっていて、お父さんが電話に出ないかなと心配しながらかけてました」

　ふたりが会えるのは1年に一度か、二度しかなかった。

「駒澤で同期だった石毛が結婚披露宴をする時には、すぐに出席の返事を出して、野球部の岡石部長にもお願いして練習を休ませてもらったんよ。本心では石毛の結婚式なんか、どうでもよかったんじゃけど（笑）」

　生涯の伴侶となる洋子を愛媛に呼び寄せるまでにはさらに数年の月日が必要だったが、この時、65歳まで続ける指導者としての基盤ができあがったのだ。

第3章

名門復活までの日々

大正時代に1回、昭和になってから5回も日本一に上りつめた松山商業だが、1969年夏の甲子園を最後に全国の舞台から遠ざかっていた。78年夏に9年ぶりの甲子園出場を果たしたものの、1回戦で敗れている。

80年4月に澤田が松山商業にコーチとして戻るまでの10年間は、低迷期にあった。当時、第20代監督をつとめていたのが長兄の悟だった。

澤田が言う。

「10年近く甲子園から遠ざかり、そのあともなかなか行けなかった。まわりの人に低迷と言われても仕方がないという状況だったと思います。母校に戻った時には兄が監督をしておって、僕がコーチ。その4月から81年夏の大会が終わるまで、兄弟で一緒にやりました」

澤田が憧れ、ずっと背中を追いかけてきた兄と一緒にグラウンドに立つのは初めてのことだった。

「お互い長く野球をしてきたけど、一緒のチームでやったのはその期間しかない。でも、兄という意識はなかったね。松山商業の監督とコーチという関係で、それぞれの仕事に徹していました」

ユニホームを着て松山商業のグラウンドに立った瞬間、チームがすっかり様変わりしていることに驚いた。

「79年秋には四国大会まで出て復活までもう一歩という感じだったのに、高知商業（高知）の中西清起（元・阪神タイガース）に負けて、春のセンバツには行けなかった。この夏こそはという感じではあったけど、なんだか、全体に緩んだ空気がありました」

指導者としてチーム運営に関わってみて、以前との違いを感じた。

「一番驚いたのが、上下関係のなさですね。選手同士がみんな、友達感覚なんかなと思うくらい。それはいいとしても、グラウンドの整備も、あいさつも、崩れた感じを受けました」

日本一になった名将・一色俊作がチームを離れたあとは、数年ごとに監督が入れ替わる非常事態が続いていた。勝つことを宿命づけられた名門が甲子園から遠ざかったことで、土台が揺らいでいた。

「大学時代に帰省するたびにグラウンドに顔を出していましたから、それぞれの監督の指導の考え方も理解していました。それまでは監督やコーチの厳しい指導と猛練習で勝ち上がってきたのに、時代的に同じことが許されなくなっていた」

駒澤大学時代の優しい先輩は、〝鬼軍曹〟に変貌する必要に迫られた。

「そもそも松山商業というチームで、入学後すぐに出場機会をもらえる選手は多くない。1、2年間みっちり鍛えてから試合に出るというのが当たり前やった。でも、選手層の薄さもあって、一年生が抜擢されていました。どうしてそんなことが……という思いはありました」

最上級生である三年生にとって、4月から最後の夏の大会までは100日ほどしかない。有望な新入生がいればついつい甘やかしてしまうものだ。チーム全体に甘さが広がっているように澤田には見えた。緩慢なプレーを見過ごせば、それが大きなミスにつながってしまう。

「ミスが起こった時には、それを指摘しないと全体が緩んでしまう。コーチになって初めて参加した練習で、センターの選手がスタートを怠るところを見たんです。近くにいる一年生に『あれは誰や?』と聞くと『植田さんです』と言う。ホームベースのところに呼びつけて、あいさつ代わりに『ちゃんとスタート切らんか!』と怒ったのが最初ですね」

その後、澤田が〝鬼〟と恐れられるコーチになるとは、選手たちもまだ知らなかった。

「その植田巧は『最初にくらわされたのが僕です』とのちのちになって言うてました(笑)。ひとつひとつのプレーに対して甘い。練習自体に緊張感がない。まだまだ実力が足りない下級生に対しても友達感覚で接している。そんなんじゃ勝てるはずがないと思いました」

澤田は〝鬼軍曹〟に徹し、上級生はもちろん、その後チームの主力になる一年生も厳しく指導することになる。

監督代行として四国大会に出場

伊予銀行からの出向という形で松山商業の監督をつとめた兄の悟はその夏での退任が決まっていた。

「兄貴がチームの底上げをしたけど、2年という期間は短すぎましたね。後援会長が次の監督を呼ぶまでということで、81年秋から指揮を任されました」

夏の愛媛大会が終わった直後に新チームがスタートした。9月に新人戦、そのあとには春のセンバツにつながる秋季大会が行われる。

「僕が監督代行をつとめたチームが、秋季大会を勝ち上がって県で優勝したんです。その頃は藤本修二（元・南海ホークスなど）と武田康（元・横浜大洋ホエールズ）がいる今治西が強かった。準決勝で今治西に勝って、決勝で一色俊作さんが監督をしていた帝京第五を破りました」

当時、春のセンバツで、四国に与えられる出場枠は4つ。各県の1、2位校が出場する四国大会で1勝すれば当確だと言われていた。しかし、丸亀商業（現・丸亀城西、香川）に苦杯をなめさせられた。

「地元の松山開催で、香川の2位校が相手。9回まで2点差で勝っておったから、『これで甲子園に行けるぞ』という考えが頭をよぎりました。その途端に3点を奪われて6対7でサヨナラ負け。監督としての自分の甘さが出た試合ですね」

松山球場のスタンドにいるOBたちも気が気ではなかった。甲子園出場を目前にして、複雑な心境で最終回を見つめていた。

「あとになって聞かされたんですが、後援会長とかOB会長というお歴々が試合を見ながら、『これで勝ったら、センバツの監督はどうするんぞ』と話していたそうです。

先輩の窪田欣也さんが年明けに監督になられることが決まっていたのでね。新チームになってから選手たちと頑張ってきて、甲子園に手が届こうかという試合でそんなことを言われていたのか……あの時ばかりは腹が立ちました」

澤田はそのまま12月末までチームの指揮をとった。松山商業、亜細亜大学、丸善石油で名選手として鳴らした窪田は年明けから練習に参加することになった。

「部長先生から『窪田さんが監督になってもコーチとしてやれるのか』と聞かれましたが、僕にわだかまりはありません。監督代行として県で優勝こそしましたが、プライドみたいなもんはなかった。『もちろん、窪田さんの下でやらしてもらいます』と答えたら、ほっとした顔をされましたね」

もし24歳でセンバツの出場権を獲得していたら、澤田の野球人生は変わったかもしれない。

「僕にとっては、四国大会で負けてゼロから窪田さんに野球を教わったことがよかったんです。一緒に7年間やらせてもらったおかげで、その後、監督として長く指導ができた。このコーチの期間がなかったら、無理だったでしょうね。そのくらい、窪田監督から受けた影響が大きかった」

監督代行としての経験がのちのち役に立ったという。

「松山商業の80周年の招待試合があったり、記念試合があったりするたびに、大先輩がおられる前であいさつをしないといけない。四国大会まで勝ち上がったことも自信になりました。あの1年間は自分にとって本当に大きかった」

窪田監督と澤田コーチの二人三脚

新監督に就任した窪田は澤田よりも10歳上の1948年生まれ。松山商業二年生時の65年に夏の愛媛大会を制して甲子園予選北四国大会決勝に進んだものの、高松商業（香川）に敗れ、甲子園出場は果たせなかった。亜細亜大学に進み、69年秋季リーグ戦で東都リーグのベストナインに選出された名外野手だった。丸善石油時代には近鉄バファローズから4位指名を受けたものの、それを拒否している。

「プロからドラフト指名を受けたほどの選手で、バッティングがよくて、とにかく足が速かった。監督になった時も、まだまだ俊足は健在でした」

監督就任直後の練習で、チーム1の俊足と走っても負けなかったという。

「窪田さんは『ハンデをやる』と言うて、うしろのポケットに両手を突っ込んで競走したんですが、足の速い選手がいくら頑張ってもどんどん引き離される。30代半ばでも、自信があったんでしょうね」

当時、愛媛には社会人野球のチームが4つもあった。そのなかでも丸善石油は、59年に都市対抗野球で優勝したこともある強豪で、プロ野球にも多くの選手を送り込んでいた。しかし、本社の経営不振のために、丸善石油野球部は81年に廃部となった。

窪田は会社を退職し、松山商業の野球部監督に就任する。

「窪田さんは野球選手としての能力が高かったし、丸善石油で監督をした経験もありました。社会人野球で、ほかのチームを寄せ付けないほどの緻密な野球をされていましたね」

年齢は違っても、ベースには松山商業の野球がある。ともに指導を始めてから、野球観が似ていることに澤田は気がついた。

「技術指導をするなかで、窪田さんが考える『こうしたら勝てる』というものを実際に見させてもらい、目から鱗《うろこ》が落ちました」

松山商業では、猛練習で鍛えられた鉄壁の守備で「守り勝つ野球」が主流だった。

だが、金属バットが導入された1974年以降、高校野球は大きく姿を変えた。「相手に点を与えなければ負けない」野球では、全国で勝つことはもちろん、四国で勝ち抜くことも難しい。

「69年の日本一の時のインパクトが強すぎて、松山商業＝鉄壁の守りというイメージが強かった。それからもずっと、守り、守り、守りでやってきました。松山商業が勝てなくなった原因のひとつは、金属バットへの対応が遅れたこと」

82年、〝やまびこ打線〟で全国の頂点に立った池田（徳島）が新しい時代を象徴する存在だった。金属バットの威力を最大限に生かすパワフルな野球の前に、松山商業伝統の守り勝つ野球は旗色が悪かった。

「時代はすっかり変わってしまったから、守りの野球だけでは勝てない。『相手に点をやらない』というベースの上に、走力も加味した攻撃力をつけないと。金属バットの特性を生かした打撃力に機動力を加えて、スキのない緻密な野球をしようというのが窪田さんの考えでした」

たとえば、三塁ランナーがいる時の「セーフティースクイズ」は松山商業の秘策だった。

「のちに甲子園で使って点を取った時、解説者も実況のアナウンサーも何が起こったのか、わかってなかったですね。三塁ランナーはスタートを遅らせて、バッターがしっかりバントを転がしてからダッシュするから失敗が少ない。もしフライになったら三塁に戻る。あの当時、それを知っている人はいなかったんじゃないでしょうか。窪田さんは『黙っとけよ』と言ってましたね。日本で初めてセーフティースクイズを世に出したのは窪田さんだと思います」

窪田はランナー一、三塁の場面で、セーフティースクイズを多用した。

「ファーストが一塁ベースに付いているから、その方向に転がせば、高い確率で三塁ランナーはホームにかえれますからね。相手の守備隊形を見ながらサインを出しました」

もちろん、セーフティースクイズを成功させるためには打者のバント技術と走者の走塁スキルが必要になる。日々練習を繰り返すことで、それが可能になったのだ。

「走・攻・投・守」の4つのバランスが取れたチームでなければ勝てない。だから、そういうチームをつくることがふたりの目標になった。

窪田が監督就任にあたって手をつけたのは、選手たちの寮の整備だった。

「平和荘というアパートがあったのを選手の寮につくり替えた。窪田さんはご家族でそこに住んで、下宿生の面倒をみることになったんです。親元を離れて松山に来た子もたくさんいましたから。窪田さんが『まわりの人に協力してもらおうと思ったら、まず自分が動かんと』と言われていたことをよく覚えています」

3年後に「さくら寮」が完成する。

監督の窪田、鬼軍曹役のコーチ・澤田が二人三脚でつくり上げるチームが甲子園に戻るまで、まだ時間が必要だった。

ヤンチャな生徒を追いかける日々

澤田は野球部のコーチであると同時に、松山商業の教員（情報処理科）だった。

きうちかずひろの漫画『ビー・バップ・ハイスクール』（1983年から2003年まで『週刊ヤングマガジン』で連載）が人気だった時代、街には「ヤンキー」と呼ばれる不良学生が闊歩していた。明治34（1901）年に設立された歴史のある松山商業にも長い学ランを着た男子生徒が大勢いた。ヤンチャな彼らの動きに目を光らせ、厳しく指導することも、若い澤田の大事な仕事だった。

「あの頃の生徒は元気がありすぎて、悪いことばかりする者もおりました。どれだけ厳しく指導をしても、こっちの裏をかいて悪さをする。本当にイタチごっこでした。毎朝、校門に立って生徒指導をするんやけど、いつも追いかけっこになる（笑）。まずいところを見つかった生徒が逃げるのを必死で追いかけ回しました。

思い返すと、面白い生徒がたくさんいて、笑えるようなエピソードもいっぱいですよ。遅刻しそうな生徒が怒られたくなくて、校門じゃなくて植木の間から入ろうとしたということもよくありました」

20代前半の澤田は足も速かったが、それ以上に手が早かった。

「逃げようとする生徒を追いかけて、猛ダッシュです。まだ若かったから走りまくってましたよ。

校舎の4階にある商業実践室の窓から顔を出して『かっちーん』とおちょくってくるやつがおった。上を見上げたらすぐにパッと隠れる。何回も同じことを繰り返すうちに『あそこや』と見当をつけて4階まで駆けあがって『おまえか！』と怒鳴りつけたら、びっくりして腰を抜かしそうになってました（笑）。青春ドラマみたいでしょ」

当時の生徒のひとりはこう言う。

「澤田先生だけじゃなくて、同じくらい怖い先生がたくさんいました。普通の高校なら体育教官室に呼ばれるのを怖がるんでしょうけど、松山商業で一番恐れられていたのが商業の先生がいる第二職員室。ヤクザ顔負けの先生が揃っていました」

今は松山商業の生徒たちの大学進学率も高いが、当時は高校卒業後に企業に勤める生徒もたくさんいた。

「18歳から企業で働くということになれば、高校でしっかりしつけをしないといけない。『松山商業で何を教わってきたんぞ』と言われないためには、きちんと生徒指導をやらないと。野球部だけでなく、人づくりのために部活動が奨励されてもいました。商業人を育てるための教育が伝統的に続いていましたからね」

そんななかで模範となることが野球部員に求められた。

「全国の商業学校では同じような考えで教育が行われてきたんだと思います。部活動で心身を鍛えて、どこに出しても恥ずかしくない商業人を育てる。野球部の存在は大きい。だから、野球の強い商業高校がたくさんあるんだと思います」

澤田が特に野球部員に厳しく指導したのはそのためだ。

「あいさつにしても礼儀にしても、野球部員が率先してやらんとね。勉強の部分で先生に迷惑をかける分、違うことで学校の役に立つようにとよく言っていました（笑）。じゃないと、おまえらに価値がないとハッパをかけながら」

遠距離恋愛の末に最高の伴侶を

コーチ時代に、プライベートで大きな変化があった。

かねてから遠距離恋愛を続けていた洋子との結婚の話が進みつつあった。

23歳の時点で先方にあいさつを済ませていたから、あとはタイミングだけ……のはずが、思わぬ反対にあった。澤田の父がどうしても「うん」と言わない。

澤田が言う。

「女房がひとり娘ということもあって、うちの親父が猛反対してね。『先方のご両親のことを考えたら申し訳ない』と言う。大正生まれは本当に頑固で、一度決めたらテコでも動かん。もうひとつの反対の理由は、コーチとして僕がまだ結果を出していないこと。『そんな状態で結婚なんて、とんでもない』と。一番上をはじめ3人の兄たちが説得してくれたんじゃけど、うまくいかん」

兄弟4人が父の前に座って、みんなで説得にかかった。

「長男が『ここまで頑固とは思わんかった』と席を立ち、三男もさじを投げた。次男が粘ってくれてやっと『好きにせえ』と許しが出たんです」

松山で行われた結婚披露宴は、松山商業のOB会のようだった。

洋子が言う。

「結婚式の出席者は150（新郎）対30（新婦）でした。横浜から親族も来てくれたんですけど。やっぱり松山は遠くて」

澤田が続ける。

「岡石先生ご夫妻に仲人をお願いしたんじゃけど、岡石先生は式の途中で酔っ払って、あっち行ったりこっち来たり（笑）」

「私は式の最中に握手を求められました」と洋子も笑う。

今も忘れられない初めての甲子園

窪田・澤田体制がスタートした1982年夏の愛媛大会を制したのは川之江だった。83年春のセンバツには今治西が出場している。

その春、松山商業に入学してきた小柄なサウスポーが酒井光次郎（元・日本ハムファイターズなど）だった。

「光次郎は大阪の出身。彼がいた野球チームの代表が松山商業のOBだという縁があり、中学二年生の時に『いいピッチャーがいるから見てほしい』と言われて、ルール違反を承知で練習に参加させたんよね。もう時効やと思うけど」

ブルペンで投球する酒井を見て、窪田監督の表情が変わった。

「すぐに『これは！』と思ったんやろうね。シートバッティングでレギュラー相手に投げさせたら、ぴしゃっと抑えた。『これは間違いない』と言うて、窪田さんが喜んでましたね。

入学してすぐに頭角を現して、新チームになったらエースとして登板するようになりました。もともとええもんを持っておったけど、松山商業で走り込みしたり、投げ込みしたことでまた伸びた。ボールのキレ、コントロール、投球の安定感が抜群でしたね」

ストレートの最速は130キロ程度だったが、打者のバットは空を切った。

「全力で投げんでもええ。1回から9回までの配分を考えて、下位打線は一球で打ち取るように指示されていました。ピンチになった時にギアを上げればいいからと。監督やコーチからすれば、頼りになるピッチャーでした」

83年秋、翌春のセンバツにつながる秋季大会でも酒井のピッチングが冴えた。愛媛県大会、四国大会を勝ち上がり、78年夏以来の甲子園の切符をつかんだ。

84年春のセンバツ、初戦の相手は取手二（茨城）だった。

「窪田監督も僕も、高校生の時には甲子園に出られなかった。大会前の甲子園練習で初めて足を踏み入れた時のことは忘れられません。ベンチ裏の階段を上がってグラウンドに入った瞬間のあの感動は……うまく言葉では言い表せない。階段を上りながら、過去の悔しかったことが思い出されてね」

監督もコーチも部長も初めての甲子園出場だったために、チーム全体に戸惑いがあった。

「みんなで右往左往しているうちに試合が始まって、取手二のエース・石田文樹くんが故障で登板しなかったのに、4対8で負けた。うちが自滅したような感じで、悔しい思いをしましたね」

平常心を保ちながら甲子園で戦うためには、指導者も選手も経験が不足していた。

「甲子園球場の形状とか、風とか、前もって注意すべきことがあったのに、初出場では難しかった。でも、一度出場したことで普段からイメージトレーニングをすることが可能になり、甲子園で戦うことを想定して練習できました」

1日で4試合行われることもある甲子園大会では、ひとつの試合は2時間以内で終わることが望ましいと考えられていた。進行役である球審も塁審も、選手にプレーを急がせる場面が数多く見られた。

「みんなに『早よせい、早よせい（早くしろ）』と言われ、落ち着いてプレーできない。『わかりました』と言いながら、ゆとりを持ってやれよと指示しても高校生では難しい。どうしても打ち急ぐことになります」

気づけば試合が終わっていたという感想を試合後にもらす選手もたくさんいた。

「大観衆が集まるなかで、選手同士の声も聞こえにくい。観客の服の色と重なってボールを見失うこともある。それに、甲子園に吹く浜風は本当に厄介です。慣れないうちは大変ですよ」

スケジュールが厳しいなかで行われるため、悪天候でもプレーが続行されることも珍しくない。

84年のセンバツ、初戦敗退の経験によって、普段の練習にも変化があった。

「土砂降りの中でフライを捕る練習もしたもんです。甲子園は、自然との戦いでもあります。太陽、風、雨などを言い訳にすることはできません」

桑田・清原のPL学園を追い詰める

1980年に甲子園に降臨した早稲田実業（東京）の一年生投手、荒木大輔が最後の夏に目指した全国優勝の夢を打ち砕いたのは畠山準（元・南海ホークスなど）、水野雄仁（元・読売ジャイアンツ）のいた池田。その連覇を阻止したのがPL学園の一年生コンビ、桑田真澄（元・読売ジャイアンツなど）、清原和博（元・西武ライオンズなど）だった。

84年の高校野球をリードしていたのは二年生になったKKコンビだった。春のセンバツの決勝で岩倉（東京）に敗れて夏春連覇は果たせなかったものの、彼らが主役であることを疑う者はいなかった。

最強のＰＬをどこが倒すのか？――それが大会のメインテーマだった。

高校、大学時代に規格外のスケールを持つスター選手たちのプレーを目の当たりにしてきた澤田にとっても、このふたりは〝別格〟に見えた。

「高校生の中にプロ野球選手がまざっているようなもの。実際に彼らは1年目からプロで実績を残しましたからね。国体でＰＬ学園と一緒の宿舎になった時、『おまえ、歳をごまかしとるじゃろ』と清原に言うたくらいで（笑）。落ち着きぶりもプレーの熟練度も、高校生とは思えなかった。これまで見た高校球児の中で一番印象に残っていますね」

84年夏の愛媛大会を制した松山商業は春に続いて甲子園に乗り込んだ。酒井は堂々たるピッチングを見せ、打線もエースを援護した。

1回戦で対戦した高岡商業（富山）には13対0で圧勝。2回戦で浜松商業（静岡）に4対0で完封勝ち、3回戦で東海大甲府（山梨）を12対5で下した。準々決勝で対戦したのが優勝候補のＰＬ学園だった。

酒井と桑田の二年生エース同士による投手戦。7回に1点を奪われた松山商業が9

回に反撃を開始。三番打者の乗松征記の三塁打で同点のチャンスが生まれた。ワンアウト、三塁——ここでも桑田は冷静だった。四番の村上英也、五番打者の田中雅士はそれぞれ1球で仕留められ、松山商業の追い上げは阻まれた。

「大会前の下馬評に松山商業が上がってはいなかったけど、試合をするたびに『今年の松山商業は強い』と言われるようになっていった。『強いPLが負けるところを見たい』と観客が思ったんでしょう。球場全体が応援してくれるような雰囲気になった。僕はネット裏におったけど、それに感動しましたね。試合に負けても、自信になりました」

PL学園を決勝で倒したのは、春のセンバツで松山商業が敗れた取手二だった。エース・酒井、四番・村上、五番・田中という二年生の主力が新チームに残ったが、翌85年は春も夏も甲子園に出ることができなかった。

松山商業が復活を果たすまで、もう1年、時間が必要だった。

指導者として関わった中で「最高のチーム」

１９８５年夏の愛媛大会後に新チームが立ち上がった時、驚くべきことが起きた。69年夏に、決勝で三沢（青森）を再試合の末に破り、甲子園優勝を果たした松山商業ＯＢが選手に「喝《かつ》」を入れにきたのだ。

当時のことについて、控え投手だった佐野慈紀（元・近鉄バファローズなど）がこう話す。

「私たちの学年にはめぼしい選手がおらず、『史上最悪のチーム』と言われました。全国優勝したメンバーがグラウンドに来て、私たちは横一列に並ばされて『説教』です。一瞬、何が起こっているのかわかりませんでした」

どれだけいい選手が揃っていても勝てるかどうかわからないのが高校野球だが、戦力が不足していても勝たなければならないのが名門校の宿命である。

「私たちはそこをあまり理解していなくて、自覚も欠けていたように思います。『これぐらいでええやろ？』という感じで。練習が苦しくて、みんなで河川敷に逃げたこともありました。そんななかでも私は覇気のない、やる気の見えない選手だったと思います」

佐野の頭の中にぼんやりあったのは、「ベンチ入りする」「3年間続ける」ことくらいだった。

「仲間はみんな仲良しで、同期のメンバーに支えられながら、なんとか最後までやり通すことができました」

OBが「喝」を入れた効果はなく、新チームは秋の大会で敗退。その冬は、キャプテンの水口栄二（元・近鉄バファローズなど）を中心に、体を鍛え抜いた。「史上最悪のチーム」ならば、練習するしかない。

「死ぬほど山を走るなど、やれることは徹底してやりました。私も、自宅から学校までの3キロほどの距離を走って通うようになりました。でも、ほかの選手のほうが頑張っていたのは間違いありません」

澤田を驚かせた真冬の裸ノック

この冬、澤田にとって忘れられないシーンがある。守備練習で、窪田と澤田が選手たちにノックの雨を降らせている時のことだ。きっかけをつくったのはキャプテンの水口だった。

澤田が言う。

「ノックを打っている途中で、ショートの水口が何を思ったか、アンダーシャツとユニホームの上を脱ぎ捨てて『よっしゃー、こい！』とやり始めた。キャプテンとして、チームの状況や仲間に対して、胸に秘めたものがあったんでしょう」

それに触発された選手たちも同じように上半身裸になってノックを受け始めた。わずか1分か2分のことだ。

「水口がみんなに『脱げ』と言ったわけじゃないんですよ。彼がそうするのを見て、一斉にね。あのスピード感はすごかった」

早稲田大学でもキャプテンをつとめたあと、近鉄バファローズ、オリックス・バファローズで38歳までプレーした水口には、どちらかといえば、職人、クールなイメージがある。いつも冷静な男が鬼気迫る表情でボールを追いかけていく。

「真冬の一番寒い時期でした。1月末か2月のはじめくらい。窪田さんがサードとショート、僕がファーストとセカンドに打って、それを交代しながらやり続ける」

ノッカーひとりに対して、選手は5人、6人程度。ノックする側はもちろんだが、守備側にも休む暇はない。

「もしボールを弾いたら捕れるまで何回も『もう、一丁！』とやる。もちろん、こちらからは厳しい言葉が飛びます。何本捕れば終わりとも、何分やったら終わりということも決めないで、エンドレスでやりました」

四国といえども、冬場は日暮れが早い。さらに気温が下がっていくが、ノックはいつまでも終わらない。そのうちに、みぞれ交じりの雨が降り始めた。

「捕れるか捕れん（ない）かというところにノックを打ち込む。選手たちは半狂乱で、ヤケのヤンパチ。疲れてはいるけど、集中力が増すのがわかりました。みぞれがボタン雪に変わっても、選手もこっちも意地の張り合いで、やめられません」

そのうち、窪田が澤田に目で合図を送った。ノックを打つ手を止めて、監督室に入りすぐに戻ってきた。ふたりの姿を見て、選手が喚声をあげた。窪田と澤田も、上半身裸でノックを打ち続けた。

「選手がそんなふうにやってるんだから、こっちも脱がんと仕方がない。しばらくして、窪田さんの合図でノックは終了。そんなことがありましたね」

ＯＢに「史上最悪」とののしられた選手たちは覚醒しつつあった。

「僕はよく、ピンチのあとにチャンスあり、チャンスのあとにピンチありと言ってきました。調子のいい時こそ慎重に、不調の時には大胆にと。

そうは言っても、真冬の雪が降る日に、上半身裸でノックをするというのは理屈には合わん。でも、あの時の選手たちは燃えていたんでしょう。寒いからこそ、裸でノックを受けてやろうと考えたのかもしれません」

松山商業、駒澤大学で野球をしてきた澤田にとっても、異常な風景だった。

「でも、水口の行動にみんなが賛同して動いた。ノックを受ける選手だけじゃなくて、サポートしている控えの選手たちも、すぐに。チーム全体に信頼関係がなければああはなりません。『勝手にせえ』とそっぽを向く選手がいても不思議じゃない。水口には、松山商業のキャプテンとしてチームを率いる覚悟があり、ほかの選手にはそれに応える気持ちがあったということですね」

「素直で謙虚」なプレーでレギュラーに

1984年夏の甲子園メンバーに選ばれた藤岡雅樹、同じ一年生ながら愛媛大会でベンチ入りしていた水口など有望選手はいたものの、全国の舞台に立つためにはまだまだパーツが足りなかった。

春になってから二番・レフトのポジションをつかんだのが、現在、創価高校（東京）野球部の監督をつとめる堀内尊法だ。新チームが立ち上がった時、堀内は「その他大勢」の選手に過ぎなかった。

堀内が言う。

「もし『1億円あげるからもう一回15歳に戻れ』と言われても、絶対に無理ですね。あの頃は、監督やコーチにくらわされずに1日が終わればOKという感じで過ごしていました。今日を生き残ることだけに必死で。そのくらい大変な毎日でした」

監督やコーチの怒号に震え上がる毎日だった。

「もちろん、試合に出て活躍したいという思いがありながら、出番が来たら来たでキツいことがわかっているから。何かにがんじがらめになっているような感じでした。僕はもともと小学生で野球を始めた時から右で打っていました。でも、高校ではバッティングがパッとしなかった。ずっと戦力になれなくて、ボール拾いをしていました。新チームになってからの秋季大会では背番号13の控えでした」

松山商業に入ってからの1年8カ月は目立たないように生きていた。

「でも、三年生になる前の1月くらいから、考え方が変わってきたんですね。窪田監督やコーチの澤田先生がなんで怒ってるんやろうと考えるようになった。『そうか、みんな勝ちたいんや、甲子園に行きたいから怒ってるんや』と気づいてから、言葉がしっかりと耳に入るようになりました。気の抜けたプレーをしたり、片手でいいかげんに捕球したりしたら、『それは怒られるよな』と思えるようになったんです」

松山商業に伝わる守りの野球には反復練習が欠かせない。しかし、それを時に怠る選手がいた。

「全力疾走しなかった時、バントを失敗した時、ヒットエンドランでフライを打ち上げた時、『怒られて当然だ』と思うようになってから、自分でも野球への取り組み方が変わったと思います。『チームが勝つためにどうすればいいか』を考えるようになった。澤田先生は僕のことを『素直で謙虚』と言ってくださるんですけど、そんな態度を見てのことだったんでしょう」

監督やコーチの指示に対して元気よく「はい！」と答える選手たち。しかし、実際にどの程度理解できているかはわからない。

「それまではどこか他人事で、誰かがミスした時に『あいつ、怒られとるな』で終わっていたんですけどね。『なんで怒られるんやろう』と考えるようになってからやっと、プレーに自分も参加するようになったんだと思います」

逆のケースもある。

「水口がほめられた時には『俺も同じようにやればいい』と思えるようになりました。水口が毎日欠かさず素振りをしていると聞いて、彼を手本にしたし、バント練習も徹底してやろうと思いました。

僕の場合、バッティングでなかなかいい結果が出なかったので、バントだけはしっかりと決めようと。毎日毎日、バント練習をしているうちに自信を持てるようになりました」

嫌いだった監督とコーチが好きになる

そんな変化を澤田は見逃さなかった。

「レフトのレギュラー選手がいなくなった時にチャンスをもらいました。堀内はヘタやけど、一生懸命にやるし、バントもできるから、と。

控え選手のBチームの試合に九番バッターで出てヒットを打って、二番に抜擢された試合でもまた打ちました。最終的には一番の水口のあとを打つ二番バッターに定着することができました」

堀内はその夏の甲子園での活躍が認められて、日本代表メンバーにも選ばれた。90年には創価大学のキャプテンとして全日本選手権に出場し、ベスト4まで勝ち上がった。日米大学野球の日本代表メンバーにも選ばれている。

「正直に言って、はじめの頃は、窪田監督も澤田先生も嫌いでした。でも、心から尊敬できるようになってから、いい結果が出るようになりました。三年生になってからは、監督もコーチも好きになりました（笑）」

野球にミスは付きものだ。だからこそ、やるべきことがある。

「練習で誰かがミスをするじゃないですか。監督やコーチはその時にやるべきことをみんなにわかってほしいから説明しているはずなんです。それを自分のこととして聞くことができるかどうか。

『自分に関係のないプレーはない』とわかってから、言われていることがわかるようになりました。たとえば、投手と内野手との連係プレーの練習でランナーをしている時でも、ちゃんと監督やコーチの言葉を聞くようになったんです。大事なのは、自分のこととして聞くことができるかどうか。創価高校の選手たちにもそんな話をします」

指導者として30年以上のキャリアを誇る堀内にとって、松山商業で学んだ野球がその基礎になっている。

「考え方が変わると行動が変わるとよく言うじゃないですか。行動が変われば習慣が変わると。高校時代にそれを教わったように思います。

高校野球のレベルであれば、『素直で謙虚』である程度のところまで行けると思います。松山商業は個人の能力ではなく、チーム力で勝ち上がってきた。僕は今でも、高校時代に教わってきたことを大切に守りながら指導をしています」

堀内は高校時代の恩師を見習っていることがある。

「ジャンパーを着たり、ネックウオーマーみたいなものをつけてノックを打つ監督やコーチがいますが、僕は絶対にしません。選手と同じ格好でやります」

それは澤田がいつも素手でノックバットを握った理由と同じだ。

澤田は言う。

「あの当時、選手には皮手袋を使わせませんでした。だから、こちらも素手でノックを打とうと。毎日、何百本も打つわけだから、豆はできるし、皮膚が裂けて血も出る。ボールを渡す選手が血染めのボールを見て驚いたもんです。でもそれが、自分なりのポリシーであり、選手に対する配慮ですね」

力のなさを自覚して克服した人間

堀内がチャンスをつかんだのは偶然だった。高知遠征でのダブルヘッダーの初戦に、レフトのレギュラー選手がミスをした。当然、罵詈雑言を浴びせられることになる。日常茶飯事なので、ほかの選手も澤田も気に留めなかった。

「2試合目のスターティングラインアップを発表する時に、名前を呼んでも返事がない。その選手がいないことに気がつきました」

レフトを守るはずの選手がどこにもいない。グラウンドの周辺を探しても姿は見えない。同行していた親も行方を知らないという。

その選手は渡された弁当を食べてからヒッチハイクで松山まで戻ったことが後日判明する。しかし、二度とチームに合流することはなかった。

突然、ぽっかり空いたレフトのポジションに抜擢されたのが堀内だった。

澤田が続ける。

「堀内は入学してすぐに足を骨折して、完治しないまま無理して練習をしたからうまく走れなかった。そういう選手でした。ずっと右打ちだったけど、バットにボールが当たらない。でも、練習に取り組む姿勢が素晴らしいので『レフトは堀内でいきましょう』と進言させてもらいました」

身長は170センチそこそこ。これといった特長もなかった。

「どうにかして堀内を仕込まないとと思って、必死にやりました。ある日、窪田監督が『左で打たそう』と言い始めてね。何か根拠があるんかと聞いてみたら『どうせ打てんのなら、一塁ベースに近い左のほうがええ』という言葉が返ってきました（笑）」

堀内の左打者としての適性を見出したわけではなかったが、結果的にはこれが飛躍のきっかけとなった。

「もちろん、はじめは全然当たりません。でも、毎日毎日、練習をしていくうちにちょっとずつ前に飛ぶようになる。本人も最後のチャンスということで、かなりバットを振り込んだようですね。日に日に上達していきました。堀内みたいに、自分に力がないことを自覚してそれを克服した人間はほかにはいません。最高のお手本ですね」

「素直で謙虚」な堀内は、努力の人でもあった。

「ある時、堀内がバントを失敗したんです。ベンチに戻った堀内に窪田監督が『明日の朝5時からバント練習』とぼそっとつぶやいたんです。翌日、そう言ったことを窪田さん自身が忘れているのに、堀内はその時間に学校に行った。でも、バント練習をしようと思っても、相手してくれる人がいないでしょう。

堀内はレフト側にある部室の屋根にボールを投げ上げて、落ちてくるところをバントしていたそうです。僕が『もしかして』と思って6時頃に学校に行った時にはマネジャーに手伝ってもらって、マシンでバント練習をしていましたけど」

努力する姿はどこかで誰かが見ているとはよく言うが、そう思って行動できる人間は少ない。堀内は、それができる数少ない選手だった。

「窪田監督に『やれ』と言われた限り、やらないという選択肢がなかったんでしょう。『どこかで監督が見とるんやないか』とビビッておったらしい（笑）。結果的にそれは考えすぎでしたけど」

その夏の愛媛大会と甲子園大会で「バントの名手」とたたえられた堀内の技は不断

の努力によって磨かれたのだ。これには大きな副産物があった。

堀内が言う。

「バント練習を繰り返したおかげで、ボールを捉えるポイントがわかったんです。一塁側に転がすならココ、三塁側ならココと。そのおかげで、自分が打ちたいところにいくらでも転がせるようになりました」

夏の甲子園で最多安打記録（19本）を打ち立てた水口と二番打者の堀内は最高のコンビになった。

澤田は言う。

「創価大学で活躍するようになってから聞いたけど、『高校の時は毎日1000本、素振りしました』と言っていましたね。毎日、とことん練習したうえで自宅に帰ってそれだけ素振りをすることなんて普通はできません。それを、何事もなかったように言う。その陰の努力には気づいていませんでした」

堀内は大学卒業後、創価大学野球部のコーチを30年以上もつとめた。

「ある人に言われたことがあります。『澤田さんのノックの打ち方に似たコーチがおるなと思ったら、松山商業のOBでしたよ』と」

２０２３年9月から創価高校の監督をつとめる堀内は、右でも左でも打てる、〃スイッチ〃ノックの名手として知られている。「左打ちは窪田監督を、右は澤田コーチをお手本にしました」と本人は語る。

古豪を復活させた松商野球の「虎の巻」

「夏将軍」と呼ばれ、夏に抜群の強さを発揮する松山商業の選手たちは、１９８６年夏の甲子園で縦横無尽に駆け回った。１回戦は清水市立商業（静岡）に12対２で快勝。２回戦は土浦日大（茨城）に５対２で勝利した。３回戦は８対５で明野（三重）を下し、準々決勝で沖縄水産（沖縄）に４対３でサヨナラ勝ち。準決勝で浦和学院（埼玉）に14対３で圧勝して決勝に駒を進めた。天理（奈良）に２対３で敗れたものの、古豪復活をアピールする準優勝だった。

澤田が言う。

「表現は悪いけど、ポンコツだけが残ったようなチームでした。まさか準優勝できるとは誰も思っていなかった。力のない選手たちが練習して、練習してあそこまで勝ち上がりました」

伝統を守りながら新しい戦法を練り上げる。力のない者たちが練習で腕を磨き、甲子園の決勝まで勝ち上がった。松山商業の伝統と理想を体現するチームだった。

「窪田欣也という人は、自分にとって一番大きな存在です。追いかけても追いかけても届かない。のちに全国優勝したから『澤田野球』と評されることがありますが、そんなものはどこにもない。窪田野球を継承したからこそ、全国制覇ができたんです。指導者として自分が関わったなかで、86年のチームがベストだと思います。窪田監督がつくり上げたあのチームを目標に、その後、選手たちを指導していきました」

今回の取材にあたって、澤田が持参した資料がある。古いバインダーに挟まれた色褪せたコピー用紙の束は、松山商業の選手たちが勝利をつかむための指南書、あるいは虎の巻とも言えるものだ。窪田と澤田、その教え子たちだけが読むことができた。

澤田が言う。

「窪田監督が野球に対する考え方をまとめたものがこれです。あの頃の松山商業の野球の原点と言えるもの。少年野球や高校、大学で指導者になったOBもこれをもとに指導していると聞いています」

時代は変わっても、見失ってはいけないものがある。

「根本となる精神の部分はもちろん、実際に試合に臨む時に大切な項目もすべて言葉にして、まとめてあります。先日、プロ野球でも活躍して今は東京ヤクルトスワローズのスカウトをしている阿部健太と話をしましたが、選手の力量を確かめる時の基準にしていると聞きました」

野球とは何か？

どうすれば勝てるのか？

一点差勝負を勝ち切るために大切なものは？

苦しい時、困った時、迷った時に道しるべとなるものでもある。

「この中に、絶対に覚えないといけない100問（P222〜223）があります。ピッチャーとして、野手として、ランナーとして、ベンチのメンバーとして、『その時にやるべきこと』を答えないといけない。全員が100点満点を取れるまで何度も何度も試験しました」

知識として頭の中に入っているだけでは十分ではない。それを練習で実践でき、本番である公式戦で当たり前のようにこなせるようにならないと勝利はつかめない。

「こちらもうるさく言ったので、学校のテストよりも一生懸命に理解しようとしたんじゃないでしょうか（笑）。かなり厳しく指導もしました」

自分たちの実力と相手の力量を比較しながら、試合に臨む。

先発投手のスピードと球種、打者のスイングの速さ、守備陣の中継プレーの確実性、肩の強さなども確かめる必要がある。

その球場の広さは？　風の方向は？　太陽の位置は？

球審のストライクゾーンの広さまで確認しなければならない。

球場に入ってからプレーボールがかかるまでに、やることは山ほどある。

「相手が何をしようとしているのか。それをどう利用していくのか。自分本位の野球では勝てない。自分のチームのことを知り、相手のこともしっかりと調べる。そうすることで有利に試合を進めることができるんです」

窪田監督が進める野球の最大の理解者が澤田だった。彼が後継者として選ばれるのは必然だった。88年夏の甲子園に出場したあと、窪田は監督の座を澤田に譲ることになる。

低迷から脱した名門のかじ取りは、31歳の青年監督に託された。

松山商業野球部　勝利への虎の巻

〝勝つ〟ための5つの要素――創意工夫と努力

1. 体力
2. 気力
3. 技術
4. 経験（キャリア）
5. 団結力（チームワーク）

人造り

①健康な心の持ち主であること。

1. 不平不満にこだわることなく、明朗快活な態度で、どのような環境や条件にも耐えることのできる人造りに努めます。
2．素直で実行力のある人造りに努めます。
3．部のため、社会のために貢献と奉仕することのできる人造りに努めます。

②真のスポーツマンシップを体得すること。

1．フェアプレーの精神と強い意志の力を体得し、十分に発揮するように努めます。
イ．規則に従うこと。
ロ．相手を尊敬すること。
ハ．仲間と協力すること。
ニ．公正であること。
ホ．最善を尽くすこと。
2．苦しさに耐えて創意工夫をし、進んで人以上の努力をこつこつと真面目にする人造りに努めます。
3．規律ある生活のできる人造りに努めます。

4. 先輩を尊び、後輩を可愛がる精神を体得するように努めます。

③やってやれないことと、やろうとしないからできないことは違う。

やればできるかもしれないのに、やろうとしないからできないのである。

人にできて、自分にできぬことはない。

一球入魂

1. 人が眠っている間に精を出せ！

2. 人が遊んでいる間に鍛錬せよ！

強くなる秘訣

1. 〝汗〟・〝汗〟・〝汗〟

2. 人よりも〝汗〟を流すことである。

3. 〝汗〟をたくさん流すことによってしか強者への道はない。

4. 〝汗〟は技術と共に人間をも鍛える。

日常の五心

1.「ハイ」という素直な〝心〟
2.「スミマセン」という反省の〝心〟
3.「アリガトウ」という感謝の〝心〟
4.「オカゲサマ」という謙虚な〝心〟
5.「ワタシガシマス」という奉仕の〝心〟

1. あせるな……近道するな！　沈着な判断と行動をとれ。
2. おこるな……堪忍と冷静さを失うな。
3. よわるな……自己に打ち勝て。
4. くさるな……つぶれるな。最後までがんばり通せ。
5. いばるな……おごりと高慢は破滅のもと。
6. なげくな……自己の非力を反省し生かせ。
7. まけるな……前進のみが勝利への道。

勝つための必要条件

1. 練習で出来ないことを試合中に期待するのはおろかなことである。
2. 希望がなければ努力もない。
3. 試合は人間と人間との戦いであり、不安・動揺・恐怖に打ち勝つ必要がある。
4. スポーツは信じることが力になり、得る知識があるだけでは力とはならない。
5. 上達の為には一に練習、二に練習、三・四がなくて五に練習。
6. 辛く厳しい練習に耐え抜いた者同士に真の友情と信頼が生まれる。
7. 「何くそ！」と思った時、進歩が約束される。
8. 忍耐は希望を持つ為の技術である。
9. 練習では自分にも同士にも厳しく、
試合で懸命に援助し合うのがチームプレーである。
10. 成功した時の自信は進歩をうながすが、自慢は退歩を意味する。
11. 監督にしかられている間は見込があると思ってよい。
12. ミスを犯した時の反省は有益であるが、悔いは有害である。
13. 技術は求めるもので、与えられるものではない。

14. 日常生活で節制できない者は、
トレーニングに励んでコンディション作りに失敗する
15. 自己の長所は徹底して磨き、短所の矯正に努めるのが名選手への道である。
16. 努力してのミスは許せるが、怠慢なプレーによるミスは許せない。
17. 今日なしうることに全力を注げ！
18. 苦しんで強くなることがいかに崇高なことであるかを知れ！
19. 練習とは悪いくせをなくす為のものであるということを忘れるな。
20. 鍛えるのは魂でもなく肉体でもない、それは1個の人間である。
21. 良いスコアラーは勝ったか負けたかよりも、良く戦ったかどうかと記録する。
22. 正しいやり方を素直に行って、
おのずから勝てるようになることを〝順道制勝〟という。
23. いそがばまわれ！　まずは基礎をしっかり身につけよう。
24. 希望は強い勇気である新たな意志である。
25. 小さな自分を殺して、より大きな自分を生かそう。
これがスポーツの良さである。
26. 無思慮な長時間の練習で得られるのは疲労のみである。

第4章

敗戦を越えてたどりついた日本一

1986年夏の甲子園で準優勝した松山商業の窪田欣也監督（コーチとして参加）とともにメンバーのうち4人が、その後に開催された日韓高校野球に出場。エースの藤岡雅樹、セカンドの中村包、ショートの水口栄二、レフトの堀内尊法が日本代表のユニホームに身を包んだ。「史上最悪」のチームの選手たちはわずか1年で大きな成長を遂げたことになる。

4年後、水口と控え投手の佐野慈紀（近大工学部）がドラフト会議で指名を受けて近鉄バファローズに入団する。彼らに「喝」を入れた69年の松山商業の優勝メンバーは驚いたに違いない。

日本一まであと一歩のところに迫った窪田監督と澤田は選手たちを鍛え上げた。86年夏の全国準優勝メンバーだった一年生の十河正人、秋山洋満が主力となり、88年夏の愛媛大会を制して甲子園に乗り込んだ。

84年夏のベスト8、86年夏の準優勝に続き狙ったのは全国制覇だった。しかし、初戦となる2回戦・拓大紅陵（千葉）戦で惨敗を喫した。序盤で7点を奪われ、1対10で甲子園をあとにする。

敗戦後、宿舎に戻ってから、窪田が澤田にこう言った。

「次の監督はおまえがやれよ」

大敗の責任は自分にもある。尊敬する監督を辞めさせるわけにはいかない。しかし、窪田の腹は決まっていた。

澤田が言う。

「こちらからすれば、『勘弁してくれよ』という思いでした。まだまだ窪田さんのもとで学ぶことはたくさんある。

松山商業の監督という大役は、選手として実績のない自分には重すぎる。コーチとは全然違いますからね」

監督就任から7年。コーチとしてともに戦ってきた澤田を後任に推すことは、窪田にとっては当然のことだ。甲子園の初戦で敗れたとはいえ、エースと四番打者は二年生だった。戦力が整っているうちに澤田にバトンタッチしようという親心もあった。

「それは本当にありがたいことやけど、窪田さんはベスト8、準優勝という成績を収めたでしょう。その後任となれば、プレッシャーは大きい」

準優勝の上には日本一しかないからだ。

夫婦で寮に住み込み甲子園を目指す

窪田監督が夫婦でさくら寮（松山商業高等学校同窓会館　さくら寮）に住み、県外出身者をはじめ自宅から通えない選手たちの面倒をみるというのがそれまでのスタイルだった。

監督就任にあたり、澤田もそれを踏襲するつもりでいた。大学でソフトボール部のマネジャーをしていた妻の洋子であれば適任だという思いもあった。

しかし、当初、本人の猛反対にあった。

澤田が言う。

「4歳と2歳の子どもを野球中心の生活に巻き込みたくないという気持ちがあったらしい。どうにかして、女房を口説いたよ」

1989年1月4日、澤田は家族とともにさくら寮に入った。

「今日からふたりで寮生の面倒をみるということで、寮生を食堂に集めて『寮の中での母さんやから、これからはお母さんと呼べ』と言うたら、『お姉さんと呼びなさい』

と嫁が言う。図々しいやろ（笑）」

当時、澤田が32歳、洋子はひとつ歳下だ。お母さんと呼ぶにはたしかに若すぎる。

「でも、1カ月くらいでぶっ倒れたんよね。いわゆる、過労で。幼い子をふたり抱えて買い出しにいって、食事をつくってという毎日で。うちの両親に子どもたちの保育園への送り迎えをお願いしたり、家族の協力を得ながらその生活を軌道に乗せました」

澤田がコーチ時代、洋子が野球部の活動に関わることはほとんどなかった。朝早くから練習に出たあとは夕方まで授業を行い、放課後は夜遅くまで練習。週末は練習試合、大会前には合宿で家を空けることが多かったからだ。

「監督になってから、環境がガラッと変わった。まわりの人には『おまえは野球をやっとるだけじゃ、嫁さんがえらい』とよく言われました。『わしじゃないんか！』と言い返しながら、そう評価されることを秘かに喜んでいました」

澤田が監督に就任することで洋子の日常にも、家族にも大きな変化があった。

「それまで息子は幼稚園でおとなしいと言われとったのに、高校生と触れあうことで目に見えて活発になった。娘は選手たちにかわいがってもらうもんやから『大きくなったら、〇〇くんと結婚する～』と言うたりね（笑）」

コーチ時代にも増して、澤田は野球指導に没頭していく。24時間、野球漬けだった。

「子どもたちを家族旅行に連れていくこともなかったからね。毎日が練習、練習で。ほったらかしだったことに関して、自分の子よりも選手たちのことばかりだったことについては、本当に申し訳ないという気持ちはあります」

多忙な中でも、洋子は子どもたちの学校の活動に関わった。

「ただでさえ大変なのに、『断れよ』と言うても、引き受けてくる。嫁は『お世話になったところには恩返ししなさいと子どもに教えているから』と」

脱走した選手を探して駅や空港へ

練習を終えても、選手たちは寮でくつろげるわけではない。夜間練習もある。厳しい日々に耐えかねて、寮を抜け出す選手も出てくる。

洋子は言う。

「練習で何か問題があったのか、選手たちがみんなで謝ろうとするのに、澤田が『俺は会わん』ということはしょっちゅうでした。練習が終わっても誰も寮に帰ってこない日もあって。脱走事件もよくありました」

松山市の中心部に松山商業はある。親元に帰るためにＪＲを使うか、バスや飛行機に乗るか、いくつかの選択肢がある。澤田と洋子が手分けをして捜索にあたることになった。

洋子が笑いながら言う。

「○○は新居浜出身やからＪＲに乗って実家に帰るはず。『すぐに松山駅に行け』と澤田に言われて、駅まで急ぐ。別の生徒の時には『空港へ行ってくれ』と言われて松山空港へ。何かが起こるたびに大騒ぎです」

甲子園を目指すと心に決めて松山商業に入ってきたものの、苦しさのあまり逃げ出した選手を見つけても、洋子はひと言。

「はいはい、帰りますよ」

無言の生徒をつれて、寮に帰る。

澤田は厳しい父親であり、寮母である妻が選手たちを静かにフォローするという姿があった。

「ちょっと厳しく言い過ぎたかなと思う時があって、それをフォローしてくれることもありました。『あいつに握り飯つくってやってくれ』と頼んだり。僕ではできないことをたくさんやってもらいました」

ただ、優しいだけではなかった。

「僕が選手を怒り倒すのは日常茶飯事で、そういうのを見ても女房は表情を変えない。自分がソフトボール部で修羅場をくぐってきてるから。ある時、『こいつらに何か言うてくれ』と頼むと『あなたたち、男でしょ。覚悟を持って入ってきたのに、どうしてできないの！』と言ってるのを聞いて、『よくそこまで言うな。俺よりも厳しいな』と笑ったことがあります」

甲子園に進出しても初戦負けが続く

1980年代の愛媛の高校野球をリードした松山商業に強烈なライバルが出現していた。88年春のセンバツで宇和島東が初出場で初優勝を飾った。指揮をとる上甲正典はこのあと甲子園で多くの勝利を積み重ね、名将となっていく。

90年には、かつて松山商業で全国制覇を成し遂げた一色俊作が私立の新田を率いて、春のセンバツで準優勝を飾った。澤田よりも年長の監督たちが目の前に立ちはだかった。

澤田が監督として初めて臨んだ89年夏の愛媛大会は、準決勝で宇和島東に1対3で敗れている。

「監督1年目に甲子園へ行こうと思って戦ったけど、優勝した宇和島東にやられた。翌年、死に物狂いでやって、どうにか愛媛を勝ち上がることができました。監督を引き継いで2年で甲子園に戻ったことになるけど、実際よりも長く感じました。それだけプレッシャーを感じとったんやろうね」

監督としての初舞台となった90年夏の甲子園で、澤田は積極的な采配を見せた。1回戦の海星（三重）戦は4対2で競り勝ち、2回戦は竜ケ崎一（茨城）を3対1で下した。3回戦で鹿児島実業（鹿児島）に2対4で敗れたものの、堂々の監督デビューだった。

「甲子園は、何年も監督をしていてもなかなか行けないところ。そういう意味では御の字だと思いました。それで安心したわけじゃないんやけど……」

92年春のセンバツに出場したものの、初戦で三重に延長14回まで戦ってサヨナラ負け。これ以降、6大会連続で甲子園に戻ることができなかった。

監督を辞めようとして……恩師と面会

澤田は監督を辞めようと考えたことがある。

「上甲さん率いる宇和島東に2年連続で甲子園に行かれた94年頃だったかな？　もう辞めようと覚悟を決めたことがありました。辞任することになれば、事前に恩師に断らないわけにはいかない。駒澤大学まであいさつに行くことにしました。

太田さんに『明日、お会いしたいんですが』とお願いすると『どうした？』と聞く。『会ってお話しします』と言うと、何かを察したんじゃろうね」

澤田は洋子に「辞めることを太田さんに報告してくる」と言って飛行機に乗り込んだ。

母校のグラウンドを訪れた時、太田は笑顔で迎えてくれた。深刻な表情で立つ澤田に話す暇を与えなかった。

「澤田、よく来た、よく来た。ちょっとこっちへ来い」と案内されたのが新しくできた娯楽室だった。

「これからの時代、寮には選手たちがリラックスできる空間が必要だぞ。この部屋を見てくれよ。選手たちのためにつくった娯楽室だよ」と言う。

練習にヨガを取り入れるようにした。

絵手紙を書かせてみたら、みんな、面白いものを書く。

技術を身につけるだけじゃなくて、感性も磨かないとダメだ。

太田はひとりで話し続けた。もし澤田に口を開かせれば、その覚悟を聞かなければならなくなるからだろう。

50代後半になっても太田の意欲は衰えてはいなかった。嬉々として新しい指導法について語る恩師を前に、澤田は何も話せなくなった。

「今でも、これほどの情熱を持って野球の指導に当たっているのか」

頭が下がる思いだった。恩師の姿を見て、「監督を辞めたい」とは最後まで言い出せなかった。

3年ほど勝てなかっただけで監督から退くと決めた自分の小ささを思い知らされた。

松山空港からさくら寮に戻った澤田の顔を見て驚いたのが洋子だった。

「寮に戻るなり『やるぞー』と言うのを見て、『この人、なんなん？』という顔をしよったね（笑）。家を出る時とは話が違うから。あの時は、太田さんの度量の大きさに救われましたね。『野球は勝ち負けだけじゃないぞ』と言われたような気がしました」

日本一監督からのアドバイス

澤田にとって一色俊作は同じ松山市にあるライバル校の監督ではあるが、松山商業で3年間教えを受けた恩師である。

澤田が言う。

「一度、僕のほうから一色さんにこう聞いたことがある。『どうしたら日本一になれますか』と。一色さんはひと言、『人がせん（しない）ことをしたらええんよ』と。それだけがポツンと返ってきました」

打倒・松山商業に燃えた上甲はボート競技の練習に使うエルゴメーターで宇和島東の選手たちを鍛え上げ、緻密な守りの野球をパワーで打ち砕くことに成功していた。

「宇和島東の選手たちはたしかにパワーがあった。上甲さんの影響でエルゴメーターが全国的にブームになったけど、同じことはしたくない。体幹を鍛えることの大切さはわかっておったから、何か方法がないかと考えたんよね」

澤田の駒澤大学時代の後輩がアメリカに渡り、大統領など要人のマッサージ・トレーナーとして活躍していた。帰国後には、自転車とスピードスケートの二刀流でオリンピック出場を果たした橋本聖子（現・参院議員）の専属トレーナーをつとめた。

その後輩に「内転筋を鍛える方法はないか」と聞いたところ、アメリカで流行している器具を送ってくれることになった。それは、スケート選手の動作を取り入れたトレーニング器具だった。

「その場で右に左に滑るだけなんやけど、下半身の強化にものすごく効果がある。もっと負荷をかけるためにということで、独自の工夫をいろいろとしましたよ。

滑る面を大きくしたり、材質をステンレスに替えたり。スキー用の靴下を穿《は》かせて、油を使ってもっと滑るようにしました」

特に、冬場にはこの器具を使って、投手陣の下半身強化を図った。

「内転筋をものすごく鍛えました。どれくらいの効果があったのかははっきりとはわからんけど、地道に長く続けたことが1996年に花開いたんだと思います。日本の高校野球であれを取り入れたのはうちが初めてです」

恩師の言葉に触発されて取り入れたトレーニングによって、選手たちはたくましくなっていった。

甲子園の初戦負けで見えたチームの形

甲子園で白星を積み上げる上甲監督、大ベテランの一色監督を向こうに回して、県内では一歩も引かない戦いを見せた。1995年夏、96年春も甲子園までたどりついたのだが、白星が遠かった。

甲子園に出ては負け。それを繰り返すうちに、澤田の頭の中には「このまま一生、甲子園では勝てんのじゃないか」という思いが浮かんだ。

「甲子園での1勝の重みを感じていました。95年夏は旭川実業（北北海道）に4対5で負けました。

今では考えられないことですが、当時は北海道の代表に負けるとは地元の人は誰も考えない。甲子園で負けたあとは、『どんな顔をして松山に帰ればいいのか、石をぶつけられても仕方がない』とまで思いました」

甲子園での勝利はもちろん、上位進出と日本一奪回が求められる名門校の厳しさがあった。だからこそ、96年春のセンバツにかける思いは強かった。

「前年夏に負けたあと、ずっと計画を立ててチームをつくってきました。あの春こそはという思いがあった。それなのに、初戦で宇都宮工業（栃木）に3対7で敗れました。

敗戦後は、まわりから見たら悲壮感が漂っていたと思う。あとで聞いたところによると、選手たちは僕の顔を見て『これからどんな練習をさせられるか』と思って震え上がったそうです」

春のセンバツが終われば夏の大会まで100日ほどしかない。甲子園からの帰り道、澤田は新しいチームづくりについて考えていた。

「今のままのチームでは勝てない。エースの渡部真一郎ではなく二年生ピッチャーの新田浩貴を主軸に据える。ただ、ピッチャーひとりでは勝てないから、渡部に外野も守らせながらマウンドにも立たせる」

打力のある渡部に外野手を守らせ四番を打たせる場合、背番号9の矢野勝嗣はスタメンから外れることになる。

「控えのピッチャーに西山道隆（元・福岡ソフトバンクホークス）もいたから、彼をどうやって鍛えるか。三番と四番を入れ替えようとか、いろいろなことを考えていました」

甲子園の1回戦で敗れたことで、チームの形が見えてきた。

厳しさの対価が勝利だった

今から30年も前の1990年代、高校野球の近くには暴力があった。

現在の常識にあてはめれば、パワハラはおろか、警察沙汰になってもおかしくないほどのものばかり。指導者による暴言やゲンコツ、ケツバット、根拠のない猛練習が当たり前だった。

さらに、強豪と言われる野球部には厳しい上下関係があり、そこを「根性」でくぐり抜けた者だけがグラウンドに立つことを許される。厳しい上下関係、理不尽な指導は高校野球に付きものだった。

上級生が下級生をしつけるための暴力――練習後に下級生を「集合」させ、「説教」するというのはどこの野球部でもよく見られる光景だった。甲子園に出るような強豪であればあるほど苛烈さを増すというのもまた常識だった。

選手を追い込むための暴力――どんなにプレッシャーがかかる場面でも平常心で戦えるように、どんな時でも監督の指令に忠実に動くように、肉体的にも精神的にも選手を苦しめた。

当時の野球関係者を弁護するならば、暴力は野球の近くにだけあったわけではない。学校でも家庭でも、暴力が日常的に振るわれていた時代。親に殴られることも、教師に叩かれることも珍しくはなかった。

ただ、高校野球の世界では特に顕著だった。

殴られても蹴られても、自分が信じた監督の指導についていくが当時の高校球児だった。監督から課せられた猛特訓、先輩からのしごきを乗り越えることで勝利はつかめるのだと多くの人が考えていた。

だから、日本中が熱狂する甲子園大会では、選手の健康問題などは無視して、「血染めのボール」や「〇〇〇球を投げ切ったエース」などと礼賛する記事が新聞に並び、テレビでも「傷だらけで戦う球児」を褒めたたえるニュースが流れた。

厳しさの対価が勝利だと思われていたのだ。

水も飲めない、ろくに休憩もない。苦しい練習を365日続けることでしか勝利は得られないと考えられていた時代がたしかにあった。

しかし、何事にも限度がある。

1996年春、暴力的指導でコーチが退任

甲子園から戻ってから、澤田を支えるコーチの行き過ぎた指導が学校内で問題になった。それまで、暴力的指導に耐えてきた部員たちから訴えがあったからだ。

澤田は言う。

「寮に戻ってそのコーチに『やり過ぎや、もうやめんといかん』と何度も言うた。でも、あいつもまだ20代で血気盛ん……『それでクビになるんなら、僕はかまいません』と言う」

澤田もかばいきれなかった。春のセンバツでの敗戦を受け、夏に向けて再スタートを切ったチームに暗雲がたちこめた。

「情熱のある指導者であったのは間違いない。でも、まだまだ若くて、表現がストレート過ぎたのかもしれん。そのあと、ほかの高校で監督になって甲子園にも出たのは、年齢とともにコミュニケーションの方法を学んだからだと思う」

澤田はそのコーチを「竹を割ったような性格で、何でも必死に取り組む選手だった」と振り返る。

「あいつが選手時代には『もう死ぬか……』というくらいノックを打ったこともある。それでも『何コラ！』と言いながら向かってくるような熱い男でした」

自分が前任の窪田監督に仕えたのと同じだけの熱量で懸命にサポートしてくれたコーチはいなくなった。夏の大会まで、もう60日ほどしかない。澤田の心には大きな穴が空いたままだった。

「駒澤大学野球部の恩師である太田誠監督の還暦のタイミングやったんかな。同期でお金を出し合って、還暦のお祝いをしたら、太田監督からお返しとして自筆のメッセージが入った色紙が額装して送られてきたんです。その言葉に僕は心を動かされました」

球の心は正直者。近づいたり、離れたり

「監督が選手にどんな気持ちで接しているか、選手が監督にどう応えるか、そういうものが野球の試合にそのまま正直に出る。そういう意味だと解釈しました。いいチームに近づいたと思っても、そこから離れることもある。『思っているところから離れた時にどう巻き返すかが大事だぞ』と言われたような気がしました」

太田の言葉は自分にだけ向けられたものだったのか。

それが気になった澤田が後日、駒澤大学でコーチをつとめる先輩に尋ねた。

「澤田、あの時は大変だったんだぞ。監督は3日間ずっと監督室にこもって、おまえたちに贈る言葉を考えてたんだから」

その返答を聞いて、恩師のありがたさを改めてかみしめることになった。

「こちらがどんな状況にあるかを知るはずがなかったのに、僕のことを考えて贈ってくれた言葉。それが励みになったことは間違いありません。途方に暮れていたあの時、恩師の言葉に救われました。

大学を卒業して十何年経って、離れて暮らしていても、恩師が見守ってくれる。僕もそういう指導者になりたいと思いました」

自分がすべてを統率する。チームを引っ張るのは監督しかいない。そう思い込んでいた澤田の気持ちがすっと楽になった。

澤田は選手たちを集めてこう言った。

「チームをひとつの家族と考えたら、お母さんが入院して今はいないと考えてほしい。これまでコーチがやってくれたことを監督がひとりでやろうとしてもできん。家庭で言うなら、掃除、洗濯、食事はみんなで分担してもらわんと無理や」

〝鬼〟の澤田の率直な告白を聞いて、選手たちは何を思っただろうか。

「監督に頼ることなく、自分たちでできることはやってほしい」

監督の指示を聞いていれば間違いないと思っていた選手たちの心にも変化があった。その時の告白が〝奇跡のバックホーム〟を生んだというのは言いすぎだろうか。

トップダウンでチームをつくってきた澤田にとって大きな決断だった。

同期に言われた「部をやめてくれ」

1996年夏の甲子園で主役となった松山商業の背番号9のことを決勝戦前に注目した人はひとりもいなかった。新聞記者をはじめとするメディアも、対戦校も、学校関係者も、おそらく監督もチームメイトも。

いくつかの「もし」があれば、誰の記憶に残ることなく甲子園を去ったはずだ。

もし、松山商業と熊本工業の決勝戦で、9回裏にホームランで同点に追いつかれなかったら……。

もし、10回裏のピンチの場面で澤田監督が満塁策を取らなければ……。

もし、ライトに回った先発投手に代えてライトに矢野勝嗣を起用しなかったら……。

もし、ワンアウト満塁の場面でライトにフライが上がらなかったら……。

歴史は確実に変わっていたに違いない。

矢野本人もそれを認めている。レギュラーから外された控え選手がスポットライトを浴びることはなかったはずだ。

澤田がこう振り返る。

「先発投手を新田にして、渡部をライトに回せば、矢野はベンチスタートになる。出番があるのは、渡部が先発する時だけに限られた。矢野には練習試合で何度もチャンスを与えたんやけど、なかなか力を出せない」

5月にチームを離れたコーチは早い段階でさじを投げていた。

「期待通りにプレーしてくれんから、コーチは『まだあいつを信じるんですか。これからも裏切られますよ』と言う。先発に矢野を入れたら『いつまで矢野を使うんですか』と血相を変えたこともあったね」

練習でもミスが目立つ矢野にチームメイトは冷たい視線を送った。

澤田が続ける。

「練習の最後は、シートノックをやって、ノーエラーで締める。ライトの矢野が決めてくれたら練習が終わりという場面で悪送球。またイチからやり直しということがよくあったからね。

ずいぶんあとになって聞いたことやけど、練習終わりに『お願いだから、野球部をやめてくれ』と同期に土下座されたことがあるらしい。『お前がやめてくれたら練習が早く終わるから』と。真顔でお願いされた時にはグサッときたと矢野が言うとった」

体も大きいし、肩も強いし、性格もまじめ。いいものを持っていながら、矢野は秘めた実力を発揮することができなかった。

コーチに「いつまで待つつもりか」と言われた時点で、もう時間は少なくなっていた。だが、澤田は動かなかった。

「コーチに『見切りをつけましょう』と言われても、『まだまだ』という気持ちだった。本心を言えば、『もう無理かも』とも思っていたけど、ね。『もうちょっとだけ待ってやってくれ』とコーチには言いました」

こういう選手が最後にチームを救ってくれるかもしれない。

澤田はそう考えていた。

「期待を裏切られても、矢野を試合で使いました。あいつは本当にまじめで、失敗しても真剣に野球に取り組む。『こいつが失敗したら仕方がない』と指導者に思わせる選手でした」

もちろん、夏の甲子園で展開されることになるあのシーンが見えていたわけではない。それでも澤田にとっては、絶対に欠かすことのできない選手だった。

「チーム編成や起用について、温情はまったく入れません。それとは違うものが矢野に対してはありました。矢野は自分の力でチャンスを呼び寄せた。土壇場で『ライト・矢野』と監督に言わせたのは、彼自身の力ですよ」

優勝と準優勝を分けたもの

熊本工業との決勝戦で生まれた〝奇跡のバックホーム〟は2023年夏の甲子園でも、名シーンのひとつとして球場内の大型ビジョンで流された。

「その時、慶應義塾（神奈川）のアルプススタンドから大歓声が上がったと聞きました。27年経ってもあのシーンを覚えてくれる人がいること、初めて見た人でも『すごい』と思えるプレーができたことはうれしいね」

〝奇跡のバックホーム〟で指揮官を喜ばせたのは、絶体絶命のピンチを控え選手が救ったということだけではない。

「あのシーンを三塁側のスタンドから撮影した人がおる。それは、ライトの矢野、中継役のセカンドの吉見宏明、ファーストの今井康剛、捕球したキャッチャーの石丸裕次郎、そのバックアップに入ったピッチャーの渡部真一郎が一直線に並んでいるのがわかるものでした。1点をとられたらサヨナラ負けの場面で、あんなフライを打たれたらピッチャーはがっくりしてマウンドで膝をついてもおかしくない。でも、渡部はすぐにバックアップに走っていった」

大観衆のほとんどが「終わった！」と思った打球だったが、松山商業の選手たちは誰もあきらめていなかった。

「練習通りに一直線。全員が本能で動けるまで練習を繰り返した証しやね。最後まで、みんなが松山商業の野球をやり抜いたことがうれしかった。あれができたから日本一になれたんだと思います。松山商業の伝統を物語っている」

もうひとつ、澤田には忘れられないシーンがある。

「10回裏のピンチの場面で内野手がマウンドに集まった時、サードの星加逸人がピッチャーの渡部の頬をつねっとった。全国の人たちが注目する場面で平気であああいうことができるのが星加のすごいところ。渡部との信頼感も感じました。星加は矢野に『部をやめてくれ』と土下座した男ですよ（笑）」

9回裏、1点リードの場面で同点ホームランを打たれ二年生の新田が崩れ落ちるのを見て、マウンドで抱え上げたのは星加とキャプテンの今井だった。

「最後の最後に、選手たちのつながりが見えた試合でした」

松山商業としては1969年以来、27年ぶりの日本一だった。

この話には続きがある。

「熊本工業の選手たちとはその後も話す機会があるんやけど、あのバックホームでアウトになった三塁ランナーの星子崇くんをホームベース近くで見ていた四番打者の西本洋介くんはこう言っていました。

『僕はあの場面を悔やんでいるんです。なぜ星子を抱き上げてやれんかったんやろう。そこが優勝と準優勝の違いだったと思います』と」

それを聞いた澤田は西本にこう言った。

「おまえはたいしたもんじゃのう。それに気づいて、本当にえらい」

あの日、日本一を目指して戦った男たちは勝者と敗者とに分かれた。しかし、人生は続いていく。

「高校野球の監督としての目標は全国制覇です。でも、目的は野球を通じて人間形成をすること。いろいろな経験をした結果、『目標は全国制覇、目的は人間形成』という言葉が生まれました。目標と目的はまた違う。そこを間違えないようにと考えながら、指導をしてきました」

一日にして、いや、わずか10分ほどでヒーローになった矢野は高校卒業後、地元の松山大学に進み、キャプテンとして全日本選手権出場を果たした。

「あの試合を境に、矢野のまわりは大きく変わりました。秋に開催された国体でもファンの人に囲まれてね。それまで列の一番後ろにいるようなやつだったのに、堂々と先頭を歩くようになりました。でも、人間的にはまったく変わらん」

矢野は傲慢なスーパースターにはならなかった。どれだけ騒がれても「素直で謙虚」な選手のままだった。27年が経った今、地元の愛媛朝日テレビで営業部長をつとめている。

前監督の言葉を聞いてこぼれた涙

1980年、母校・松山商業のコーチに就任。88年に監督になり、96年に日本一になった。〝奇跡のバックホーム〟として長く語り継がれる劇的な勝利で、澤田は重い荷物を下ろすことができた。

「準優勝だった兄を、これでやっと超えられたと思いました。選手と監督とでは全然違いますが、ね」

多くの人から祝福を受けたが、前監督の窪田の言葉だけは重みが違った。

「ゲームセットになって、閉会式やら、取材やらが終わってから、選手たちに遅れてバスに乗り込みました。ほっとひと息ついて自分の席に座った瞬間に携帯電話を取り出しました」

その時点で、澤田の胸にはこみあげるものがあった。

「真っ先に優勝報告をせんといかんと思って、窪田さんにかけたら『かっちゃん（勝彦）、ええ顔しとったのう』という言葉が聞こえてきてね。その瞬間に、ボロボロボロボロ涙がこぼれてきました。言葉が出てこなくて、『ありがとうございました』というのがやっと」

選手たちが背後で様子をうかがっているのが気配でわかったが、澤田にはどうにもしようがない。

「涙が止まらなくて、困りました。選手たちは『鬼の目にも涙か』と思ったかもわからん（笑）。優勝の報告を一番にしたかったのはやっぱり窪田さんでした。10年前の

86年には準優勝で終わって、ふたりで悔しい思いをしたからね」

笑いながらこぼした窪田の言葉を聞いて、また涙が止まらなくなった。

「おまえ、ええかげんにせいよ。俺の準優勝を超しやがって！」

もちろん、駒澤大学の太田監督も喜んでくれた。

「その年のOB会に呼んでいただき、みなさんの前でお話しさせていただくことになりました。太田さんは『1時間でも、2時間でもいいからな』と言う。また『勘弁してくれよ』という気持ちになりました」

壇上に立つ澤田からは多くの先輩の顔が見える、太田がプロ野球に送り出したOBたちだ。大下剛史（元・広島東洋カープなど）、大矢明彦（元・ヤクルトスワローズ）、木下富雄（元・広島東洋カープ）、中畑清（元・読売ジャイアンツ）、森繁和（元・西武ライオンズ）らが見つめるなかで、澤田は優勝報告を行った。

「太田監督はどこにおるんやろ？　と探したら、右端の一番前の席に座って、ノートを広げて『どんなことを話すか』と待ち構えとるんですよ（笑）。

その場でお礼を言わせてもらいました。駒澤大学の太田さん、松山商業の一色さんから教えてもらったおかげで高校野球の指導者になり、みなさんのおかげで日本一になれました」

この時、澤田は39歳。松山商業という名門の指揮官として、さらに高みを目指そうとしていた。

第5章

全国優勝7回、松山商業の野球

1925（大正14）年春に初めて全国優勝を成し遂げた松山商業は、32（昭和7）年春にも日本一になった。35（昭和10）年は夏の甲子園を初めて制した。第2次世界大戦を挟んで、50（昭和25）年夏に戦後初の全国優勝（松山東との統合チーム）。53（昭和28）年には3度目の夏の頂点に上りつめた。

日本中の高校野球ファンに松山商業の名前を一層強く印象づけたのは69（昭和44）年の6度目の日本一だった。

同年8月18日の三沢（青森）との決勝戦は延長18回までもつれ込んだが、両校とも譲らず、0対0で引き分けとなった。翌19日に行われた再試合で、松山商業は三沢のエース・太田幸司を打ち崩し、深紅の優勝旗を手にした。

18日に18回をひとりで投げ切り、再試合でも先発マウンドに上がった松山商業のエース・井上明。彼の存在を抜きに松山商業の野球を語ることはできない。

松山商業を卒業後、明治大学に進んで通算11勝をマーク。社会人野球を経て、75年からは朝日新聞の運動部記者として高校野球、大学野球の取材を担当した。

1996年夏、記者として甲子園球場にいた井上が言う。

「1970年代、松山商業は、新居浜商業（75年夏の甲子園で準優勝）や今治西（77

年夏の甲子園でベスト4）に後れをとっていました」

　窪田欣也が監督に就任したのが82年、そこから巻き返しが始まった。

「夏の甲子園でベスト8に入った84年あたりから、やっと松山商業らしいチームになってきたなと見ていました。昔から松山商業の野球は手堅い、勝負強いというイメージがありましたが、そういった部分を試合で出せるようになった」

　どんなに打力のある強敵であっても、接戦に持ち込み、粘り強く戦って勝利をモノにするというのが松山商業の戦い方だった。

「準優勝した86年のチームは、かなり選手の頭数が揃ってきたなという印象を持ちました。コントロールのいいエースがしっかり抑えて、小技の利く選手がチャンスをつくるというチームでしたね」

　しかし、その後高校野球では、小技だけでは勝てない時代に突入することになる。

「愛媛の野球は、小技は優れているけどパワーに欠けるところがあった。新しい時代の野球に移行できなかったとも言えますね。特に松山商業はそうだった。宇和島東の上甲正典さんはうまく切り替えられたけど」

日本一になった69年とよく似たチーム

1986年の準優勝から10年を経て、やっと全国で戦えるチームができあがった。投手にはエースの渡部真一郎と二年生の新田浩貴の二枚看板がいて、小技が利く選手の中心に〝伊予のドカベン〟の異名を取る強打者・今井康剛を置いた。

「96年のチームを見た時に、僕たちと似ているなと思いました。守備がしっかりしているし、ピッチャーが野手を信頼しているのがよくわかった。僕たちの時もそうだったけど、継投策が松山商業の伝統でもある。特に夏は、いいピッチャーがふたりいないと勝ち上がるのは厳しい」

決勝戦を取材するために甲子園にいた井上は、記者席に座っていることができなかった。9回裏を0点に抑えれば優勝のはずが、土壇場で追いつかれてしまったからだ。野球のセオリーでいえば、追いついたチームのほうが心理的に有利だ。

「10回裏、ワンアウト三塁になった段階で満塁策を取るだろうと思った。じっとしていられなくなって、スタンドを歩きながらベンチの様子を見ていたんだよね。ふたりを敬遠することになって、『選手を代えるなら今だろう』と思ったけど、なかなか動かない」

澤田は迷った末に、降板してライトに回った新田に代えて矢野勝嗣の投入を決める。

「澤田監督が出てきて、矢野が走りながら肩をぐるぐる回しているのが見えました。試合が終わってから『あの時は何を考えていたの？』と澤田監督に聞いたら『今を逃れないと先はない』と思ったらしい。延長が続くとピッチャーがいなくなるから、本当に迷ったと思う」

澤田の決断は吉と出た。いや、最高の結果を呼び寄せた。ライトフライを捕った矢野のバックホームによってダブルプレー。絶体絶命のピンチを1球で救ったのだ。

「僕は『決断が遅い』と思ったんだけど、そのあとのプレーが見事だった。本当に神がかったプレーでしたね」

このプレーが成立したのには伏線があったと井上は指摘する。

「9回裏の同点ホームランの時、松山商業のサードが『三塁ベースを踏んでいない』とアピールをした。それは認められなかったんだけど、熊本工業からすれば気になったはず。そのせいでタッチアップのスタートを慎重に切らざるを得なかったのかなと思いました」

普段から口を酸っぱくして言われていることであっても、あの緊迫した場面ではなかなかできない。このアピールによって、ランナーのスタートがコンマ1秒でも遅れたのだとしたら、サードの星加逸人の隠れたファインプレーだと言えるだろう。

「そういうことが当たり前にできるのも、松山商業の伝統ですね。普段からやっていないことは甲子園では無理ですから」

基本を大事にする、一球をおろそかにしない

井上と澤田兄弟には縁がある。

「僕は、澤田兄弟と同じ（松山市立）雄新中学校の卒業生です。1966年夏に松山商業が準優勝した時のキャッチャーだった悟さんとは入れ替わりだったけど、練習を見学させてもらったことがある。やはり、すごい人でした。

悟さんとバッテリーを組んでいた西本明和さんの弟が読売ジャイアンツで活躍した西本聖です。西本3兄弟と、澤田3兄弟が松山商業では特に有名なんだけど、西本3兄弟は典型的な投手族。それに対して、澤田兄弟はキャッチャーだから、考え方が違

う」

選手たちに基本を教え込み、練習で徹底させる――澤田兄弟の野球人としての性格や考え方が松山商業の野球には合っていたのではないかと井上は言う。

「基本を大事にする、一球をおろそかにしない。こういうことを選手たちに植え付け、徹底するのは簡単じゃないですよ。それができるのが、指導者として一番すごいこと。どうにかして選手をうまくしたいという強い気持ちがないと難しい。

控え選手として仲間のプレーを見ながら、どうすればチームがよくなるかを考えてきた澤田監督の経験が甲子園のあの舞台で生きたんじゃないでしょうか」

口うるさく指示をするが、最後は選手のひらめきに任せるという度量の大きさが澤田にはあった。

「指導者が自分の思うように選手を動かそうとしても、一球ごとに試合は動く。管理野球で勝てるのかなと僕は思う」

松山商業の野球はチームプレー重視と見られているが、過去、全国の上位に進出したチームは「個」も強かった。

「監督の意図を理解したうえで、『ここは俺に任せろ』という気持ちが選手にないと甲子園では戦えない。普段から自分で考えているから、大きな舞台でそれができる。そういう選手を育てることが必要だと思います」

澤田が薫陶を受けた一色俊作は井上にとっても恩師だ。井上と澤田は、兄弟弟子の関係になる。

「僕は野球のすべてを一色さんから教えてもらいました。僕がいた頃の雄新中学には野球経験のある指導者がいなくて、何もわからなかった。松山商業に入った時、スパイクの紐の結び方から教えてくれたのが一色監督です」

ピッチングの際の人差し指と中指の使い方。

ボールのスピンのかけ方。

どうすればバッターを抑えられるか。

「野球の技術も、感覚も、マウンドでの呼吸の仕方まで、本当に、すべてのことを教えてもらいました」

時を超え、先人の教えは教え子を通して、松山商業の選手たちに伝わっていく。

「僕たちは、一色監督に『おまえたちは日本で一番密度の濃い練習をしているぞ』と言われました。そんなこと、僕たちにはわからない。だけど、『それだけの練習をしているんだから大丈夫だ』という意識を植え付けてもらいました」

伝統校の厳しさに直面して新入部員が激減

1969年に松山商業が日本一になった時、谷本勝幸は中学二年生だった。若くして日本一監督になった一色がその後なかなか勝てなかった時期に松山商業でプレーした選手だった。

入学した時に60人以上もいた同期部員はすぐに半減し、最終的に6人しか残らなかった。一学年下の西本聖や澤田とともに甲子園を目指したものの、勝ち上がることはできなかった。高校卒業後、東都リーグの青山学院大学に進んでからも野球を続け、卒業後はそのまま野球部のコーチとなった。

澤田が「松山商業で授業にも出ずにグラウンド整備をしていた」「駒澤大学のコーチ1年目に東都の新人戦決勝で監督として対戦した」と語った先輩が谷本だ。

谷本と澤田は1969年に全国優勝を果たした松山商業の選手たちを、数年後の自分に重ね合わせた。ふたりは松山商業で同じ釜の飯を食い、指導者になってからはライバル校の監督として甲子園を目指してしのぎを削った。

「1969年夏の全国優勝によって、愛媛県内で松山商業はそれまでより特別な存在になりました」と谷本は語る。

県知事や市長、経済人が松山商業の応援団に名を連ねていた。彼らの野球部を見る目が変わった。「また全国優勝を！」という期待が高まり、監督やコーチ、選手たちにかかるプレッシャーは大きくなった。

しかし、甲子園に届かない。

谷本が松山商業の二年生になる前に、西本をはじめとする新入生のことが話題になっていたと谷本は言う。

「ひとつ上の学年にはいい選手がいたんですけど、私たちは6人しかいない。当時は今治西が壁になっていて、彼らを倒すためには何人か足りない。だから、ひとりでもふたりでも戦力になってくれればという思いがありました。西本のことは入学前から評判になっていて、『今度、すごいピッチャーが入ってくるぞ』と言われていました」

甲子園でのプレーを夢見た新入生たちだが、松山商業の伝統である猛練習と上下関係の厳しさの前に、ひとりふたりと抜けていく。谷本は同期や後輩に退部を思いとどまるように説得したが、止めることはできなかった。

「野球部と水が合わない、理不尽なことや厳しさに耐えられない。そういう選手はやめていきましたね。練習はもちろん、グラウンド整備にしても、上下関係にしても、厳しいものがありました」

谷本は例として、掃除とグラウンド整備を挙げた

「トイレとバックネットの掃除が私の担当でした。当時、『松キチ』と呼ばれる熱狂的なファンが毎日学校に来て、タバコを吸いながら練習を見ている。灰皿に吸殻を捨ててくれればいいんですが、なかには土の中に埋める人がいる。

雨上がりの日には、それが顔を出すことがあるんですよ。そういうのを見つけてすぐに捨てないといけない」

練習前と練習後に念入りにグラウンド整備をするのだが、それでも心配は尽きない。

「校庭ですから、体育の授業で使いますよね。どれだけ一生懸命に整備をしても、石ころが表面に出てくることがある。それに気づかず、もし打球がイレギュラーバウンドでもしたら大変なことになりますから。

どれだけ一生懸命に整備をしても完璧な状態にすることはできません。それでも、

なんとかしたいという思いでグラウンド整備をしていました」

窪田監督と澤田のコンビは最高だった

一年生ながら登板機会を得た西本とは対照的に、澤田にはなかなか出番が訪れなかった。

「澤田は野球一家に生まれて、お兄さんたちの影響を受けながら育った。ほかの選手とは違ったものがありました。

ただ、同級生のキャッチャー・長野彰は体も大きくてパワーもあったし、バッティングがよかった。澤田には技術があったけど小柄な分、どうしても見劣りしましたね。でも、とにかく真面目で、何に対しても一生懸命な後輩でした」

澤田の駒澤大学と谷本の青山学院大学は同じ東都リーグに属していたが、黄金期を迎えていた駒澤大学に対して、青山学院大学は2部に落ちていた。携帯電話もない時代、同じ高校の先輩・後輩であっても顔を合わせる機会は少なかった。

「澤田が駒澤大学で出番がないことは知っていました。スター選手たちの姿を見て感じることも多かったことでしょう。いいことも悔しいことも肥やしにしてきた。さまざまな経験をしたことの集大成が、あの甲子園の決勝だったんじゃないでしょうか。控えとしてチームを支えたことが彼にとって大きな力になったと思います。その立場で野球を見ながら、太田誠監督から学ぶこともたくさんあったはず。当時は、そういう部分を評価する人はあまりいませんでしたけど」

大学進学を渋る澤田に駒澤大学行きを勧めた松山商業の岡石積部長は、人を見る目を持っていたのだろう。

「人間にとって大切なのは出会いだと、澤田を見ているとそう感じます」

谷本は大学卒業後に青山学院大学野球部コーチをつとめたあと、一色が松山商業を離れ同じ愛媛県にある帝京第五の監督に就任した時に愛媛に戻った。部長として一色を支えるためだ。一色が新田の監督になったあと帝京第五の監督になり、甲子園出場を目指して戦った。

そんな関係だから、谷本にはわかることがある。

「澤田本人も公言していますが、澤田の指導者の基本をつくったのは窪田欣也さんだと思います。窪田さんの背中を見ながら、いろいろなことを学んでいきました。澤田にとって窪田さんは最高の師匠だった」

高校野球では監督にスポットライトが当たることが多いが、監督だけで試合には勝てない。

「窪田監督と澤田コーチは最高のコンビでしたね。私も一色監督のもとで甲子園を目指して『ふたりに負けるか！』と思ってやったけど、帝京第五では果たせなかった。おそらく、参謀役として澤田以上の人材はいません」

監督の考え方や思いを選手たちに浸透させることができる。自分が嫌われることはいとわない。〝鬼〟と言われようが、やると決めたことを完遂する力が澤田にはあった。監督という立場になっても、澤田はそれまでの厳しさを失わなかった。

「松山商業の強さを支えるのは練習量の多さです。練習では基本を徹底する。グラウンドの外、礼儀やあいさつ、グラウンド整備などもそうです。とにかくやると決めたことを徹底してやることに、みんな、プライドを持って戦ってきた。

だから、対戦する前から相手を呑んでかかることができる。全国に通用するチームはこうじゃないといけないんだろうなと思っていました」

1996年夏の愛媛大会決勝で松山商業に敗れたのは谷本が育てた帝京第五だった。

谷本が野球部長、監督をつとめた帝京第五は2017年春のセンバツで48年ぶりの甲子園出場を果たした。その時、アルプススタンドには校長になった谷本の姿があった。

日本一の喧騒のあとに訪れた敗戦

1996年夏の甲子園で全国優勝を果たした松山商業の監督に休息は与えられなかった。新チームは秋季大会に向けてスタートを切り、三年生を中心に国体の準備を進めていたが、それまで以上に多忙な日々が澤田を待っていた。

「夏の甲子園が終わったらすぐに世界四地域親善高校野球に出場するために、日本代表としてアメリカに行きました」

松山商業からは投手の新田浩貴、捕手の石丸裕次郎、ファーストの今井康剛に加えて、外野手として渡部真一郎が選ばれた。

「9月に帰国してから、三年生の進路を決めるために動き、新チームの秋季大会に向けて急ピッチで仕上げました」

一方で、後援者や地元の有力者による祝勝会が連日のように開かれた。

「12月までの間に、家で食事ができたのは3日ほどだったでしょうか。毎日のように『お祝いをしたいんですが、いつが空いてますか』という連絡がくる」

優勝を一緒に喜んでもらえることの幸福感を味わいながら、甲子園で優勝することの怖さも感じていた。

「三年生の進学先を決めるために東京に行っても、『澤田監督ですか。握手してください』と空港で声をかけられるくらい、大変な日々が続きました。東京で羽を伸ばそうと思っても全然できない（笑）」

澤田は一躍、時の人になった。祝勝会、講演会が続く。

「毎日19時くらいまで練習をやって、着替えて学校を飛び出していく。新チームのことが気になるけど、どうしようもない。コーチに『申し訳ないけど、頼むな』と言いながら、みなさんからお祝いの言葉をいただく毎日でした」

27年ぶりの快挙で街も関係者も浮き立っていた。39歳の若い監督が宴席を断ることは容易ではない。

全国優勝メンバーには投手の新田、ショートの深堀祐輔など7人の二年生がいたが、翌春のセンバツの出場権がかかる秋季大会は敗退。97年夏の愛媛大会は1回戦で今治北に2対3で敗れた。

「新田と深堀という甲子園経験者がいても、それだけで勝てるほど勝負は簡単なものではない。9人を揃えないとという焦りもあって、うまくいかなかった。結果にそのまま出ましたね」

負けたらボロクソに言われるのが宿命

一度緩んだものを引き締めるのには時間がかかる。

1998年夏の愛媛大会は3回戦で大洲に3対4で敗れた。復活の兆しが見えたのは99年。その年は愛媛大会でベスト4、翌年も準決勝まで勝ち上がった。再び甲子園に戻るのは2001年夏のことだ。

「それまで長くコーチや監督をしてきたけど、97年から01年までの4年間ほど『長い』と感じたことはありません。自分にとって苦しかった期間。日本一になったあと、どんなに頑張っても、やってもやっても勝てない」

愛媛や四国での勝ち方も、全国での戦い方もわかっているはずだった。指導者としてのキャリアを積んできたという自負もあった。それなのに……という思いばかりが募る。

「日本一になったことが自分の首を絞めているような、勝手に苦しくしているような感じを受けました。97年夏に1回戦で負けた時はそうでもなかったけど、98年夏も勝てなかったあたりから風当たりが強くなった。勝ったら『ええ監督や〜』と言うてくれるけど、負ければボロクソに言われる」

それが名門校の指揮をとる者の宿命でもある。

「監督やコーチ、選手に浮ついたところはない。『日本一になった時以上にやらないかん』と真剣に取り組んでも取り組んでも、思うような結果がついてこない。本当に、もがいてもがいて、苦しんで苦しみ抜いた4年間でした」

そんな時に支えてくれる人たちがいた。

「『もうダメだ……』と思った時もあります。5年も甲子園に行けなかったら監督を辞めよう。そういう考えが浮かびました。助けてくれたのは同級生たちです。『澤田、頑張れよ』という言葉で救われました。

僕たちの同級生は甲子園には行けなかったけど、強いもので結ばれているんだなと思いました。勝とう、勝とうとするんじゃなくて、選手たちの間をつなぐものをつくってやればいいと考えるようになりました」

そのためにできることは何か。

「絆を深めるために、ほかにはない仲間をつくるために、考えに考え抜きました。そうしてたどりついたのが『絆』という言葉です」

日本一になった時のテーマは「勝機一瞬」だった。今度は「絆」を高く掲げて戦うことに決めた。

「選手たちの絆を強くするために、より厳しい練習をしました。強い絆をつくることが監督としてのつとめ。それができれば勝負は二の次、そう考える時にやっと開き直れたような気がします」

「一番苦しかった4年間」を乗り越えベスト4

2001年は松山商業の創立100周年だった。当然、甲子園へという強いプレッシャーがかかった。そんななか、背番号10の二年生エースの阿部健太（元・近鉄バファローズなど）を中心とした守りの野球で勝ち上がり、決勝で宇和島東を7対6で下して甲子園への切符をつかんだ。

「愛媛大会はノーシードで、6試合全部に勝って優勝できました。この4年間は本当に長かったけど、実際に感じたよりは短い時間で甲子園に行くことができました」

1回戦で駒大苫小牧（南北海道）に7対6で競り勝つと、2回戦で九産大九州（福岡）に8対6で勝利。3回戦の智辯学園（奈良）戦も、準々決勝の平安（現・龍谷大平安、京都）戦もともに4対3で競り勝った。

5年ぶりの決勝進出を目指した準決勝で近江（滋賀）と対戦。岩井秀樹のホームランが飛び出したものの4対5で敗れた。

「準決勝の相手が近江だということで、地元の人は『決勝に行ける！』と思ったようやけど、そんなに簡単なもんじゃない。近江の多賀章仁監督は『松山商業に勝てるとは思わなかった』と試合後に言っておられましたがね。

甲子園で4勝してベスト4。決勝まで狙えるところまで勝ち上がった。そう考えると、『ようここまで来られたな』という気持ちもありました。指導者人生を振り返った時、この4年間が一番苦しかった」

２００２年夏の甲子園では、ベスト8に尽誠学園（香川）、鳴門工業（現・鳴門うず潮、徳島）、川之江（愛媛）、明徳義塾（高知）の四国勢4校が名を連ね、明徳義塾が初めての優勝を飾っている。

高校野球を四国勢がリードした時代だった。

「全国から強豪校、甲子園常連校の監督さんが練習を見に来られました。『松山商業の野球とは何か』『四国の野球から学んでやろう』ということで」

宇和島東を率いて全国優勝を果たした名将・上甲正典が新設された済美の野球部監督に就任するのが02年のこと。04年春のセンバツで初出場初優勝を飾り、その夏の甲子園では決勝で駒大苫小牧に敗れたものの、春夏連覇まであと一歩のところまで勝ち上がっていった。

高校野球に地殻変動が起こりつつあった。

澤田は言う。

「振り返ってみたら、大きな変化があったのは２０００年になってからやろうね。遊学館（石川）、済美、神村学園（鹿児島）といった私学が、創部すぐにもかかわらず日本一、あるいは全国でも上位まで勝ち上がった。

実績のある監督、有望な選手、野球をするための設備が揃えば全国でも勝てるんだというふうになりましたよね。１４０キロ以上を投げるピッチャーを何人集められるか、そのスピードボールを打ち返すバッターを何人揃えられるかという競争になりました」

澤田は続ける。

「各都道府県で強豪私立がどんどん力を伸ばし、それまで伝統的に強かった公立の商業高校がなかなか勝てなくなりました。

個人の能力があれば、チーム力がなくても勝てる時代になったと感じていました。組織よりも個の力を重視する野球ですね。力と力の戦いになりました」

01年夏を最後に松山商業が20年以上も甲子園から遠ざかるとは誰も思っていなかった。もちろん、澤田自身も。

1点差で勝ち切る野球に大切なもの

一色俊作の教えを受け、窪田欣也の背中を見ながら松山商業の野球を推進してきた澤田が考える松山商業の野球とは何か。

澤田が言う。

「いいピッチャーからはなかなか点を取れるものじゃない。そこでどうするかと考えるのが松山商業の野球です。時代とともに変化したことはたくさんあるけど、1点差で勝ち切る野球において大切なことは変わっていない。投手力を含めた守備の徹底です」

金属バットの威力を最大限に生かしたパワー野球が主流になった。打力がないチームは全国では勝てないというのは現在の常識だ。しかし、2024年から金属バットの規定が変わり、打球が飛ばなくなることが予想されている。

「バント、走塁、守備のひとつひとつのプレーが勝負に直結することになるでしょう。ミスをしたほうが負ける。相手のスキを突くチームが試合を優位に進めることができる。そうなると、当然、指導の仕方も変わるでしょう。1点を争う展開こそが野球、特に高校野球の醍醐味だと思います」

守りを中心とした緻密な野球。

機動力を駆使して相手のスキを突く野球。

そういったものがまた見直されるのではないかと澤田は考えている。

「戦力的に劣るチームであっても、そういう野球をすることで、強いチームを負かすことができる。そのためにはもう一度、野球の本質について考えないといけない」

本書の出版にあたって、澤田が「虎の巻」を出してきたのはそのためだ（巻末参照）。

「野球では、その場面場面でやるべきこと、考えることがある。それを頭に叩き込んだうえで戦うことによって勝利が近づいてくる。一塁ランナーのリードひとつで相手のピッチャーにプレッシャーをかけられるし、崩すこともできる。その積み重ねによって、勝利が近づいてくるんです」

大切なのは、ランナーの走力だけではない。

「なかには『この選手は足が遅いから無理です』という指導者がいますが、リードの取り方ひとつでピッチャーを攻めることもできる。意識を変えるだけで全然違ってくる。全員で攻める、全員で守るという意識を持たないと」

澤田は、相手からすれば嫌な監督だった。攻撃のサインを見破るのが得意だったからだ。

「この場面でサインを出すならコレ、どういうカウントで来るかというのはだいたいわかります。相手の監督やランナー、バッター、ベンチの様子から『ここでスクイズ！』と見破ることができる。よく相手の監督に『どうしてわかったのか教えてください』と試合後に言われたもんですよ（笑）」

それは澤田の野球勘のなせる技だ。さまざまなデータに裏打ちされた「勝負眼」と言ってもいい。観察力のない監督やコーチにはまずできない。

「それが松山商業の野球です。経験をそれなりに積んでわかったこともありますね」

5年も甲子園に行けないなんて……

二年生エースとして2001年夏のベスト4に貢献した阿部健太を擁した02年夏の愛媛大会は、3回戦で松山聖陵に敗れた。03年夏から05年夏までは3年連続でベスト4止まり。06年夏は3回戦で今治西に2対10で敗れた。

澤田は50代になり、自身の体力的な衰えを感じるようになっていた。

「全国でベスト4に入った01年も、『ようやった！』と言われればそうかもしれんけど、日本一の時ほどのことはない。それまでと変わることなく指導に打ち込みました。ただ、腰を痛めたり、やろうやろうと思っても、年齢的に体がついていかんというジレンマがありました」

昔のようにノックの雨を浴びせることができなくなっていた。

「徹底してやらないとと思いながら、もうひとつ粘りがなくなっていたのかもしれない」

06年は、今治西が県内で抜群の強さを誇っていた。140キロのストレートを投げる熊代聖人（元・埼玉西武ライオンズ）が二年生エースで、早稲田大学でも活躍する宇高幸治もいた。

「5回まで同点やったのに、五番バッターの﨑原悠介（現・北条野球部監督）にホームランを打たれて負けました」

5年も甲子園から遠ざかったことで、澤田は監督の座を後進に譲ることを決意した。

「23歳で松山商業のコーチになった時から、この5という数字を意識してきました。松山商業が5年も甲子園に行けないというのはとんでもないこと。本音を言えば、少なくとも2年に1回は甲子園に行くもんだ、そうじゃないと松山商業の野球部じゃないと思っていました」

しかし、それが現実のものになった。

「兄の悟が甲子園で準優勝した時（1966年）も、前に出場した62年から4年空いとったんです。だから、子ども心に『5年が限界じゃ』と思ったのが、そのまま残ったのかもわかりません。『今年ダメなら身を引こう』と」

妻の洋子も、腱鞘炎に悩まされていた。野球部の監督として、寮監として、寮母として限界が近づいていたのは間違いない。57年2月生まれの澤田はこの時、49歳になっていた。

「松山商業の監督には、なろうと思ってもなれるものじゃない。それなのに、『自分から身を引くなんて』とも言われました。『定年になるまで監督を続けるんじゃなかったんか』と」

腰を痛めたのなら、ノックを打つのはコーチに任せればいい。要所要所で指導を行い、采配だけに集中すればまだまだ監督をつとめることも可能だっただろう。

しかし、松山商業の監督として考えた場合、澤田が出した決断は退任だった。

「身も心もズタズタで、選手たちを鍛える、育てるということに責任が持てない状態で監督を続けるべきではないと判断しました。自分の成績、コンディションを考えた時に、当然のことだと思いました」

1980年にコーチ就任。88年9月に監督になって以降、休むことなく指導を続けた澤田にやっと休息の日々が訪れた。

「ずいぶんと長い間、松山商業野球部に関わらせていただきました。特に監督になってからは毎日が針のむしろで、緊張しながら指導を行ってきました。だから、監督を辞めることになってほっとしたというのが正直なところ。

監督をして18年間。振り返ってみたら、アッと言う間。でも、やっぱり長かったですね。監督から引こうと決めた時に女房から『18といったら、高校を卒業する年齢でしょう。18年で監督を卒業ということでいいんじゃない』と言われて、納得したのを覚えています」

もし後任監督へのバトンタッチがうまくいけば、澤田は後方支援をするだけでよかった。しかし、再びグラウンドに立つことになる。08年末から09年夏まで一時的に復帰を果たし、09年春季大会ではチームを準優勝に導いた。

野球人の澤田を求める人は、まだまだいる。

第6章

日本一のボール拾いになれ！

2009年8月、9ヵ月間の代理監督を終えた澤田は、4月からコーチとして指導に加わっていた重澤和史に監督を譲った。

重澤は1968年生まれ。今治西から愛媛大学に進み、教員になった。2002年夏の甲子園では川之江の監督としてベスト4まで勝ち上がった実績を持つ。松山商業野球部としては初めて、OB以外の指導者が監督になる。

澤田が言う。

「08年の12月に監督代理を引き受けました。冬の練習からチームを鍛えていって、3月の春季大会では最後に済美に負けたけど、決勝まで行くことができた。4月から重澤先生が松山商業に赴任することが決まったんですが、すぐにすべてを任せるのは大変やろうということで夏の愛媛大会までという約束で代理監督をつとめました」

重澤が監督としてすぐに順応できるように、準備期間を設けたのだ。

「松山商業には松山商業にしかない、いろいろなルールとかしきたりみたいなものがありますからね。そういうものに少しずつ慣れてもらう期間でもありました」

もちろん、澤田は指揮官として全力でチームを指揮したが、夏の愛媛大会の初戦（2回戦）で松山城南（現・松山学院）に6対7で敗れた。08年に続き、2年連続での初戦敗退となった。

「09年の8月から3月半ほどは、顧問として、少し引いた立場で野球部を見ていました。前の監督の時にうまくバトンタッチできなかったという反省もあったので、重澤監督が指揮をとりやすいように後方で支援する形を取りました。

1980年4月に母校に戻ってからはずっと松山商業ひと筋。野球部での指導に配慮してもらって異動がなかったんですが、いつまでもそういうわけにはいかん。でも、校長に『もう1年だけ』とお願いして残っていました」

その頃、県内では松山商業と並ぶ伝統校である今治西、全国優勝の経験がある西条、宇和島東、上甲正典率いる済美などの強豪がしのぎを削っていた。それらを松山商業が追うという図式だった。上位進出はできてはいないものの、少しずつ新監督の野球が浸透しつつあった。

「ある程度、めどが立ったと僕は見ていました。その頃、松山商業が研究事業校になっていて、県の教育委員会のトップの人と面談する機会がありました。自分から『どこへでも行きます。異動させてください。これまでご配慮ありがとうございました』と言いました」

日本一になった高校野球の監督といえども、澤田は県立高校の教員、公務員である。異動の命が下れば、もちろんそれに従うことになる。澤田の53歳の誕生日が近づいていた。

「県の人はほっとしたような顔をされとったですね。2010年の4月から北条高校で勤務することになりました」

北条は、松山商業、新田、済美、松山北など甲子園出場経験のある野球強豪校が集まる松山市にある。ラグビー部は9度も全国大会に出場しているが、野球部は夏の愛媛大会でベスト8に進んだこともなかった。

「定年退職まであと7年、野球部を任せてもらえるのなら、その期間でチームをどうつくり上げようかと考えました」

30年間、松山商業で教鞭をとった澤田にとって大きな節目となった。

「松山商業で野球部の監督、コーチをやらせてもらって、関わった人間は500人を超えとります。監督から退く時に卒業生が学年ごとに慰労会をしてくれました。本当にありがたいことです。

ある学年の、途中で野球部をやめた人間たちが集まって、『おつかれさん会』をしてくれたのはうれしかったねえ」

監督自ら部室にペンキを塗った

2010年4月、北条高校に異動となり、野球部監督に就任した。

「北条は、伝統らしい伝統のないチーム。『勝って当然』という松山商業とは全然違う」

甲子園出場経験のない野球部の状況に澤田は戸惑った。

「松山商業での〝鬼の澤田〟のイメージが強かったらしく、北条の監督になる時、生徒たちに『やめたいと思うとるやつがおったら手を挙げてみい』と言ったら、『はい』と全員が返事しました（笑）。それぐらい怖かったようです」

甲子園を目指して入部する選手の多い松山商業とは、何から何まで違っていた。

「初めて練習を見た時には『同好会かな』と思ったぐらい。松山商業に入ってくる子とは覚悟も技量も大きな差があった。練習が始まってからもチンタラチンタラしていて、見ているだけで歯がゆかった」

澤田がはじめにしたのは、野球をするための環境整備だった。

「私が赴任する前に不祥事があって、6カ月間の対外試合禁止処分が下されとったんです。だから、みんなでネットを補修したり、草むしりをしたり」

松山商業という伝統のある高校で指導してきた澤田からすれば、足りないものばかりだった。

「お客さんに来てもらっても、座っていただくところもなかった。北条というところはものすごく風が強いところなんじゃけど、吹きさらしのベンチにお通しするしかないという状態で」

監督室がないどころか選手たちが着替えをする部室も十分ではなかった。

「まとまって着替えられる場所がないから、三年生はここ、二年生はここという感じで分かれてました。それでは困る。一応、部室みたいなところはあるけど、『○○参上!』と落書きがしてある有り様で、前の監督もどこから手をつければええのか……という感じやったと思います」

資金があれば環境整備も、設備の改良もできる。だが、県立高校の運動部の部費には限りがある。

「お金がなかったらどうするかというと、誰かの協力を得るか、自分の手でやるかしかない。窪田欣也さんに言われた『まずは自分から動け』という教えを思い出しました。知り合いの人の協力をあおぎつつ、自分でできることから始めていきました」

校内の廃品を放り込んである倉庫がバックネット裏にあった。

「校内のどこを探してもそこしかないから、『部室にしていいですか』とお願いしたら『あんなところは部室にならんやろ』と言われてね。中にあるものを全部出して、きれいに掃除をして、生徒が着替える場所をつくった。ただ、建物の構造に問題がありそうだったんで、知り合いの鉄工所の人に補強をお願いしました。支柱を入れて、倒れないようにしてもらいました」

落書きを消すために壁のペンキを塗るのは澤田の仕事だった。

「知り合いの塗装屋の社長に『何色でもええけん、持ってきて』とお願いしました。ショッキングピンクでもしょうがないと覚悟しとったら、真っ白のペンキを用意してくれました。それも寄付です。

落書きを消すためには、一回塗っただけではダメなんです。二度塗り、三度塗りしてやっと文字が見えなくなる」

まずは野球をするための準備から

すべてが手づくりだった。金がなくてもできることはいくらでもある。ここで澤田の知名度が役に立った。

「ウエートトレーニングの器具もあまりなかったから、以前ボディービルをしていた年配の方が近所に住んでいて、立派なものを快く提供してくださいました。エルゴメーターを2台、寄付してくれる人もいましたね。

自分たちで手を動かして環境を整えてきれいにしてやる。そうしたうえで『大事に、きれいに使えよ』と言いました。汚い状態のままで放置しておいて、『きれいにしろ』では通用しません。北条の先生方には『環境が整っていないと、ええ選手は来てくれんよ』と言いました」

グラウンド整備のやり方も教えた。40年近く前に体で覚えたものだ。

「全員で効率よくやれるようにトンボやレーキ（金属製の熊手）も揃えて、すぐにさっと動ける場所に配置した。みんなが手に取りやすいところに置いておかんと時間がかかる。そういうやり方もイチから教えました」

ラグビー部を除けば、北条に来る生徒に学業面でもスポーツ面でも、エリートはいない。

「中学時代の成績はどちらもそれほどではない。進学校とかスポーツ強豪校に行けなかった子が多かったんです。そのうちに、この高校でスポーツを頑張りたい、吹奏楽を頑張りたいという生徒が来てくれるようになりました。環境がよくなることで、学校の評価も変わるんですよ」

だが、澤田の就任当時、対外試合禁止処分の影響で、数人いた有望選手はひとりふたりと野球部を去っていた。

「7月にやっと処分が解けて、夏の愛媛大会に出られるという、本当に重たい処分でした。その野球部を『立て直してほしい』ということで、北条に異動したんです」

校内の目は野球部に厳しかった。

「どうしてそんな問題が起こったのかを理解しないといけない。全員で着替えられる部室をつくってほしいとお願いしたのは、全体を把握したかったから。問題には必ず原因がありますから」

野球部の指導に加えて、澤田には松山商業の生徒指導で培ったものがある。生徒の服装などの乱れに目を光らせた。昭和の時代に幅を利かせていた『ビー・バップ・ハイスクール』風の生徒は消滅していたが、服装や態度を見れば生徒の状況はすぐにわかる。

「同じ問題を二度と起こすわけにはいかない。先生や職員のみなさんにも協力をお願いして回りました」

もし対外試合禁止処分を受けていなかったら、環境整備に時間をかけることができなかっただろう。週末に練習試合を行えば、どうしても勝ち負けに目がいくからだ。

「不幸中の幸いということですかね。まずは野球をするための準備に時間をかけることができました。保護者からも『そんなことより練習をさせてくれ』という声があがったかもしれない。でも、作業をしている時、選手たちは全然嫌な顔をせずにやってくれました」

本来、遠征費などに充てられるはずだった部費も設備の改良に回すことができた。

〝鬼の澤田〟が育てたブルペンの芝

北条のバックネット脇には投手が投球練習をするためのブルペンがある。マウンドからバッターボックスまでの15メートルほどのスペースには青々とした芝が生え、きれいに刈り揃えられている。

「はじめはブルペンがぐじゃぐじゃだったんで、事務長に相談したけど『そんな金はないよ』と(笑)。そう言われたあと、しばらくして、耕運機で耕してくれたんだけど、種を持ってきて、それで終わり。だから、種を蒔《ま》くところから始めました。

それが5月のこと。園芸の専門家に『種からでも芝は育つん?』と聞いたら、『朝・昼・晩、一日3回、水やりをせんといかん』と言われました」

放課後には毎日グラウンドに立つとはいえ、一日3回の水やりは大変な手間だ。

「毎日ちゃんと水やりをして、8月頃に育つかどうかという話でした。『手を抜いたらどうなるかわからんよ』と言われてね……。

育てるということはどういうことか、愛情とは何かということを、芝の手入れをしながら考えました」

もちろん、そんな澤田に注目している人はいない。

「植物は愛情を注ぎ、手間をかければ、しっかり育ってくれる。人間も同じです。指導の原点に返るつもりで芝と向き合いました。毎日毎日、手を抜かず、ひとつひとつ丁寧にやることの大切さを改めて知りました。自分への戒めにもなりました」

8月にやっと芝が生え揃った。その後、夏芝と冬芝を交互に植え、現在は一年中、青々とした芝が選手たちの成長を見守っている。

「肥料をやり、水を撒き、雑草を取って、辛抱強く愛情を注ぐ。本当に、育てるということは大変やけど、成果が出たらこれほどうれしいことはありません。

選手にはよくこう言いました。『芝はかわいいのう。手をかけたらかけただけ成長してくれる。なんぼ手をかけても全然伸びん選手が何人おるんぞ』と（笑）」

強豪校ではない高校のよさに気づく

部員数も少なく、設備も整っていないところからのスタートだった。

「それでも、『目標は甲子園、目的は人間形成』と言い続けました。絶対に、人間性が野球に出てきますから。いい結果を求めるプロセスの中で人間が形成されるんだと思っております。高校野球は教育の一環です」

50代半ばになって、澤田は大きな発見をする。

「松山商業では、監督やコーチの言うことは絶対で、黒いカラスでも監督が『白』と言えば『はい』と言わないといけない。こちらが用意した練習を黙ってやるというスタイルでした。でも、北条では生徒から『監督さん、ここはこうしたほうがいいんじゃないですか』と言ってくる。そのことに新鮮な驚きを感じました」

強豪校には強豪校の、そうではない高校にはそうではない高校のよさがある。

「松山商業の時は、そんなこと、ない、ない、ない。そういう姿を見て、指導について考えさせられました。やっぱり、こうじゃないといけんなと。北条では、自分の考えをかみ砕いて説明しながら、選手たちに意見も聞きながら指導してきました。彼らの長所も認めながら、松山商業のよさも植え付けていきました」

夏の愛媛大会でベスト8にも残ったことのない野球部にとって甲子園ははるかに遠い目標だ。

そもそも、甲子園を本気で目指す生徒であれば、同じ松山市にある松山商業や新田、済美などに入る。中学時代の実績も、野球選手としての目標も、そして覚悟も、野球強豪校の選手たちとは雲泥の差があった。そんな現実に直面して、澤田は何を思ったたのか。

澤田が松山商業で掲げた「目標は全国制覇、目的は人間形成」は、「目標は甲子園」と改められたが、監督としての指導方法は最後まで変わらなかった。本気で野球を教え込み、甲子園を目指した。

「北条に来て一番怒ったこと？　もう、たくさんありすぎて（笑）。この子らのためにならんということに関しては、体を張って指導してきました。

監督を退いた2021年の夏まで、ポイントポイントではよく怒ってましたよ。『これだけは教えたい』というものがあって、必死の思いでそうしてきた」

松山商業の選手たちに〝鬼〟と恐れられた監督は1回戦負け、2回戦負けが当たり前の野球部でも〝仏〟にはならなかった。

「平日の練習では、ラグビー部、サッカー部と一緒にグラウンドを使っています。セカンドのうしろがラグビー部、ショートの向こうがサッカー部と陸上部。内野ノックをしている時に誰かがミスをしたら、駆け寄って『おい、ふざけるな！』とやっていましたよ。

ラグビー部やサッカー部の生徒たちがこっちをうかがっておって、練習そっちのけで『澤田先生がやるぞ、やるぞ』と楽しんでいるようなところがありました。おかしな表現やけど、名物みたいな感じで（笑）」

当時のラグビー部の女子マネジャーは「野球部は本当にすごかったです。澤田先生が怒る時には時間が止まって……そこだけ別の世界でした」と証言している。

2010年代のこととは思えない。野球部の練習スペースだけは、まだ昭和だった。

「ラグビー部の生徒は面白がって、学校の廊下ですれ違う時に野球部風のあいさつをしてきましたよ。『ふざけるなよ、コラ！』と言ってやりましたがね（笑）」

培ってきた知見を棚卸しして整理する

地元の愛媛新聞社が発行する愛媛のスポーツマガジン『E－dge』で、「愛媛の高校野球　日本一監督が残したもの」という特集が組まれた。

そのなかで、澤田は自身の監督時代の名勝負を挙げている。

1位は、1990年夏の愛媛大会、一色俊作監督率いる新田と対戦した決勝戦。センバツ準優勝の〝ミラクル新田〟との延長11回の激戦を9対8で勝利した試合だ。2

位は、2001年夏の甲子園、4対3で平安（現・龍谷大平安）を下した準々決勝。3位は、96年夏の甲子園、決勝戦。〝奇跡のバックホーム〟で熊本工業を破った試合。

北条時代の試合はふたつ、ランクインしている。

9位は、2012年夏の愛媛大会2回戦、東温との一戦。延長15回、3時間23分の死闘に勝利した。北条の監督として迎えた3年目の夏だった。

10位は、18年夏の愛媛大会1回戦。新居浜南に2点リードされながら9回裏に追いつき、中原颯のホームランでサヨナラ勝ちを収めている。

「60歳の定年までの7年間、再任用で勤めた5年間、トータル12年間、北条の監督をやらせてもらいました。選手たちが持っていた強豪へのアレルギーみたいなものもなくなり、互角の勝負ができるようになりました。全国レベルには届かんかったけどね」

中学時代に野球の実績もなく、体も未成熟だった新入生たちを澤田は根気強く指導していった。

「入学してからしっかり走り込んで、1年間かけて強豪校の新入生と同じくらいの体力がつく。そこから技術を教え込むから、どうしても時間が足りない。強豪校が2年4カ月でやることを、残りの1年4カ月でやらないといけない。難しいことではあったけど、選手たちはよく頑張ってくれました」

北条に完成された選手はひとりもいない。澤田自身の知見を棚卸ししたうえで整理し、かみ砕いたうえで丁寧に教えた。

「技術指導について改めて勉強して、『こういう言い方をすれば理解しやすいんじゃないか』というものを探っていきました」

完成された選手たちが大勢いるのであれば、短所を矯正しつつ競わせればいい。だが、北条で同じことはできない。

「グラウンドの中心にいるのは全国大会に出るラグビー部の選手たちで、『野球部がなんぼのもんじゃ』という雰囲気もありました。内野や室内練習場という限られたスペースでひとりひとりの成長度に合わせながらマンツーマンで指導する。これは松山商業ではできないことでした」

繰り返し練習して体に覚え込ませる

現在、澤田の母校である駒澤大学野球部に所属する西本祐真は忘れられない選手のひとりだ。

「北条に来てから、どんどん伸びていった選手。リトルリーグのチームではエースで四番やったんやけど、小学六年生で肩を痛めて投げられなくなった。中学で『もうやめようか』と思い詰めるくらいにひどかったらしい」

181センチ、81キロと体格に恵まれた西本はパワフルなバッティングに定評があった。

「でも、うちに入ってきた時は満足に投げられない状態でしたね。だから、投げることの基礎の基礎から教えていきました。『腕だけで投げるなよ、足を使ってやれ』と繰り返し繰り返し、何度も何度も言いました。そのうちに肩の痛みもなくなって、ちゃんと投げられるようになりました」

長距離砲の西本を澤田は積極的に起用した。はじめはレフト、二年生でサードを守り、三年生ではマウンドにも上がった。

「新入生の時のことを考えればすごいことです。最後にはリリーフピッチャーとして投げるようになりましたから。本人は投げられるようになったことが、うれしかったんじゃないでしょうか。やっぱり野球には、投げて、打って、走る喜びがある」

甲子園出場経験のない無名の選手が、東都リーグを代表する強豪校への入部が許されることなどめったにない。

「まわりは甲子園に出場した選手か強豪校の選手ばかり。気後れする部分があるかもしれんけど、思い切って暴れてほしい。この春（2024年）に三年生になるので今年が勝負です」

22年秋季リーグ戦で2部落ちした駒澤大学だが、23年秋に行われた1部最下位と2部優勝校との入替戦で勝利し、1部昇格を決めた。

「僕の大学の先輩がBチームの指導に関わっているので、西本のことをよく聞きます。『澤田、西本はいいぞ。ファーストでもサードでも、守備固めでも使えるくらいうまい』とほめてくれます。『さすがにそんなことはないでしょう』と返すんですけど、そういう話を聞くと本当にうれしい」

バッティングでも守備でも、原理原則がある。それを繰り返し繰り返し練習することで体に覚え込ませる。はじめはよくわかっていない選手でも、そのうちにだんだん興味を持ってくる。

「やかましく言い続けたり、厳しく叱り飛ばしたりしたこともあります。僕が教えたことが次のステージで生かされるのは、指導者冥利に尽きますね」

こけてもこけても立ち上がってきた

選手たちのうち、どれだけが澤田の意図を理解したかはわからない。だが、澤田には手応えがあった。

「選手からすれば理不尽と思えるような怒り方をしたことがあったかもしれません。陰で文句を言うこともあっただろうと思います。でも、誰からもクレームを受けるようなことはありませんでした。処分を受けるようなことにはならんかった。それは、選手たち、保護者たちの理解があったから」

監督として迎える最後の大会は2021年夏の愛媛大会。1回戦で上浮穴、2回戦で松山中央を下し3回戦に駒を進めた。対戦するのはシード校の新田、優勝候補に挙げられる強豪だ。

初回に先制を許したものの、4回に四番・西本のタイムリーなどで逆転。だが、ふたつの押し出しで逆転され、逃げ切りを許した。

試合後に澤田は選手たちにこんなメッセージを送っている。

「特に3年生、本当にありがとう。12人の選手とマネジャーひとりが本当に力を合わせて、少ない人数でも力を合わせて、『ここまでやれる!』ということを実証してくれた。

これまでも言ってきたけど、大事なのは、試合に負けたとしても、これから先の人生の敗北者にならんこと。負けるが〝価値〟。ここで終わりじゃなくて、ここからが新たなスタートなんじゃ。試合には負けても、それが結果じゃない。おまえたちはすごいもんを勝ち得たはずじゃ。

指導者としての42年を振り返ってみても、こんなに少ない人数のチームも初めてじゃけど、これまでで最高のチームじゃった。そう胸を張って言える。

最後になるけど、野球ってすごいぞ。やったらやっただけ結果が出る。みんながつかんだものを今後の人生で生かすか殺すかは自分次第。七転び八起きという言葉があるけど、7回転んでも8回起きたらええんよ。おまえらがこけたのは今日の1回。わしが何回こけたか知っとるか、数えきれんぞ。こけてもこけても立ち上がってきたんじゃ。それで振り返ってみたら42年が経っとったんじゃ。それを思ってみろ。これからが勝負じゃ」

北条に競り勝った新田は愛媛大会を勝ち上がって夏の甲子園初出場を果たし、1回戦で静岡（静岡）を下した。

そんな強豪相手に互角の戦いをした最後の夏の戦いを澤田はこう振り返る。

「最後まで甲子園には行けませんでしたが、勝っても負けても、納得できる試合をするようになりました。3回戦止まりでしたが、練習試合では強豪校を圧倒することもあった。21年夏も、12人でも堂々と戦ってくれました。結果よりも、私の考えを理解して野球をしてくれたことがうれしかった。自分でも納得して、監督を終わることができました」

夏に監督から退いたあとも、3月いっぱいは指導を続けた。取材の日、教え子から贈られたシューズを履いて、選手たちの練習を見守っていた。

「教え子たちが、カッコいいシューズをプレゼントしてくれました。監督をやめたあとに連絡をくれた教え子に『おまえらにはひどいこともしたのう』と言うと、『監督さんはレギュラーも補欠も分け隔てなく怒ってたでしょ。だから、みんながついていったんです』という言葉が返ってきたんです。

『鬼の澤田』と言われながらも、最後まで厳しさを貫くことができたのは、そういうことだったのかと自分でも思いました。その言葉が、自分の指導に対する答えのような気がして、改めてうれしさがこみあげてきました。退任する5年くらい前から、私の考えを理解してくれたのかなと思います。野球部としての成長を感じました」

澤田が去った22年7月の愛媛大会、後任の﨑原悠介監督に指揮されて、部員14人の北条は初めてのベスト8進出を果たしている。

澤田が監督をつとめた12年で、北条は甲子園に出ることはできなかった。しかし、「目標は甲子園、目的は人間形成」と言いながら、ずっと指導をしてきた。

その言葉は今も、北条野球部の部訓として残っている。

松山商業の再建を目指して

コーチ時代には鬼軍曹役、監督になってからは勝負に徹する指揮官だった。常に勝利を求めて戦ったが、目指したのは勝利だけではない。

「目的は人間形成だと言ってきました。甲子園に行ったらえらいんか、四番やエースがえらいんか？　そんなこと、ありゃせんわい。部員には『卒業してからが勝負や』と言い聞かせました」

松山商業のグラウンドには今でも「日本一のボール拾いになれ」という部訓が飾られているが、その言葉は澤田の思いからきている。

「野球をやっている以上、誰だって試合に出たい。できるものなら、監督もみんなを出してやりたい。でも、ベンチ入りできるのは20人、レギュラーは9人だけ。どうしても、漏れる選手が出てきます。ボール拾いをしたい子なんていませんよ。でも、人が嫌がるボール拾いであっても、日本一を目指してやってほしい。そういう思いがあの言葉に込められています」

そうすれば、いつかチャンスは巡ってくる。澤田はその姿を見てきた。

松山商業は２０２３年春の愛媛県大会で準優勝。秋には、28年ぶりに秋季大会優勝を飾っている。１９９５年秋以来のことだ。その翌年の夏に全国制覇を果たしたことを考えると吉兆と言えるだろう。

現在、監督をつとめるのは大野康哉。今治西を率いて11度も甲子園に出場している闘将だ。澤田は22年4月から松山商業野球部ＯＢ会顧問として、大野をはじめとする指導陣、選手たちを静かに見守っている。

「松山商業に戻って、大野監督のサポートをしています。OB会や後援会・同窓会を一枚岩にする役割を担えたらと考えています。大野監督は今治西時代に実績を残した指導者なので、あくまで監督のアドバイザーというか、後方支援ができれば。自分が母校に戻ることによって、疎遠になっとる教え子たちもまたグラウンドに来てくれたらいい。人が集まることが一番の活力になるのでね」

松山商業が最後に甲子園の土を踏んだのは2001年。四半世紀近い時間が経過している。

「長く低迷したものを、一気に盛り返すのは簡単ではありません。ただ、間近で選手たちを見ていて、一歩一歩前に進んでいるのがわかる。もう少しの辛抱です。

春の大会は準優勝したけど、夏は初戦で負けた。秋は県で勝ったのに、四国大会では勝ち上がれなかった。一進一退ですよ。みんな、苦しんでいるのがよくわかります」

名門復活に向けて、大切なのは何か。

「どの高校も甲子園に行こうと思って頑張っているんだから、簡単には行けませんよ。しっかりと夢を持って、地道にやるしかない。急いでもいいことはありません。

もちろん、野球の技術は大切だけど、普段の生活も人間性も、体づくりも大事です。心・技・体の3つが揃わないといけない。基本を徹底していったら、いつかは花開くと思っています」

松山商業のグラウンドの右中間フェンスには「目標は全国制覇、目的は人間形成」と書かれている。

レギュラーも補欠も関係ない

野球の指導者として500人以上の教え子を社会に送り出してきた澤田だが、そのひとりひとりの顔やエピソードはしっかりと記憶に刻まれている。

40年前に松山商業野球部に所属していたある選手の名前を出すと、大きな声で話しはじめた。

「あのツヨシでしょう。あいつは練習がしんどいからというて、逃げ出してね。でも大洲に帰るはずが反対方向の電車に乗ってしもうて……今治あたりから『監督（窪田）さん、どうしたらええんでしょうか』と電話をかけてきました。『もうええから、早よ、松山まで帰ってこい』と言われていました」

決して有名な選手の話ではない。ベンチ入りもできなかった補欠のことを、どれだけの指導者が覚えているだろうか。ひとりひとりの選手に対して愛情を持って接していなければできないことだ。

「これまで選手のことを駒だと思ったことはありません。自分の手柄にしたこともない」

戦力になるからといって、エースや四番打者を特別扱いしたこともない。レギュラーであっても、控え選手であっても、同じ熱量で接してきた。

選手たちはいつも指導者を見ている。

「あいつには怒ったけど、こいつには甘い。そういうところを、選手たちは見逃さない。レギュラーだから、エースだから、四番だからというのを私は許さなかった。そういうところは見せちゃいかんという思いで指導してきました。

自分で心がけていたことは、損得じゃなくて、善悪で選手たちに接すること。子どもたちはものすごく敏感で、指導者のちょっとしたことを感じ取るんですよ。ひがみやひずみも出てくる。いいものはいい、悪いものは悪いと言う。それがレギュラーだろうが補欠だろうが関係ない。損得じゃなくて、『おまえらが成長してくれたらいい』と思って指導してきました」

だから、レギュラーが控え選手を侮るような行動は許さなかった。

「松山商業時代のことですが、ランナーを付けた実戦形式の練習中にレギュラーのセンターがミスをしたのでホームのところまで呼びつけて怒ったことがある。怠慢プレーは絶対に許せない。『わかったか』『はい』というやり取りをしたあと、その選手が守備位置に戻る時にランナーコーチャーが『ちゃんとやれ』と言ったんです。それを聞いたセンターが不満そうな態度を見せたんです」

センターの選手からすれば、「もう監督に怒られたんだから、補欠はいらんこと言うな」ということだったのだろう。澤田は背走するセンターを呼び戻して叱りつけた。

「補欠の選手をバカにしたような態度に見えたからね。『おまえがやってみいや。補欠は黙っとれ』というような感じで。ちょっとした動作で感情がわかるんです。どんなに隠したつもりでも、そういうところは絶対に見逃さない。『せっかくおまえのために言うてくれることを素直に受け取れんのか』と怒りました」

これには後日談がある。

「卒業してからその生徒に『あの時はむちゃくちゃうれしかったんです』と感謝されました。こちらの見立て通りで、センターの選手は失敗した恥ずかしさもあってそんな行動をしたんやけど、『そこまで見られとるのか！』と思ったそうです。自分の悪い心を見透かされ、怒られたことで『あの時、自分が変わることができました』と言っていましたね」

そういうことは、たくさんあった。だから、澤田は「その時」を見逃すことなく、叱る時には徹底的に叱りつけた。

「ちょっとぐらいはええかなと思って見過ごすと、のちのち大変なことになる。こちらの甘い気持ちや弱みを見せたら、取り返しのつかないことになります。だから、レギュラーだろうが補欠だろうが関係ない。悪いことは悪いとビシッとやらんと、チームは乱れる」

今明かす教え子への〝後悔〟

指導者生活を終えた澤田は、退任の際に教え子たちから連絡をもらい、酒を酌み交わしながら昔話に花を咲かせた。

「42年間を振り返って、怒り方が悪かったなと思うことはありません。自分の感情に任せて八つ当たりをするということは絶対になかった。信念を持って怒ってきたという自負があります。

　私が怒るのは、できることをやらない怠慢プレーがほとんど。舐めたようなプレーは許さなかった。そこがはっきりしていたから、生徒たちがついてきてくれたのかなと思います」

　ひとりの教え子のことが特に印象に残っている。

「松山商業の監督時代に、3年間補欠だった子とのエピソードが忘れられん。フリーバッティングの時でも、『一球ごとにスタートを切れ』と口を酸っぱくして言っていたんですが、レフトを守っていたその子がそうしなかった。呼びつけて、室内練習場で怒りました。何年も経ってから、『あの時、僕はうれしかったんです。無視されるんじゃなくて、怒ってくれる人がいるということがわかったから』と泣きながら話をしてくれました」

　松山商業、駒澤大学と強豪校で野球を続けた澤田は、レギュラーとして活躍することができなかった。だからこそ、控え選手の気持ちに敏感だ。

「でも、今でも胸に引っかかっておるのは、あの子に松山商業のユニホームを着させてやらなかったこと。練習試合でもいいから、1回でもユニホームを着させてやればよかった。そうしないで、卒業させてしまったことには後悔があります。

本人に話を聞いた時、無視されるということがどれだけさびしいことなのか、小さなことでも気づいたら声をかけてやることが大事なんだなと改めて思いました」

1996年夏の甲子園のように、厳しさが勝利に結びつくこともある。敗れたとしても、多くの選手たちは澤田の指導から何かを得て、社会へ飛び出していった。

日本一監督になって賞賛された澤田も、勝てない時期には誹謗中傷を受けた。手のひら返しをされたことは数えきれないほどある。

「これまでの指導者生活を振り返れば、油断や慢心もあったかもしれない。反省すべきことはたくさんあります。人生は山あり谷ありですよ。

選手たちはまだ若いから間違えること、勘違いすることもあるでしょう。そこは指導者がしっかりと見てやらないと。驕りが少しでも見えたら、人間は下降していきますからね。自分への戒めも含めて、選手たちにはそう言い聞かせてきました」

1980年に松山商業のコーチとしてスタートした指導者人生は42年で幕を閉じた。監督としての甲子園出場回数は6回（春2回、夏4回）。12勝5敗、日本一1回、ベスト4が1回という成績を残した。

全国にいる高校野球指導者の中で、突出した成績ではないかもしれない。だが、澤田が残したものの大きさを本当の意味で知っているのは500人以上の教え子たちだ。澤田が目的としてきた「人間形成」の答えは、彼らひとりひとりの中にある。

第7章

日本一になれる監督の条件

［対談］

馬淵史郎
（明徳義塾野球部監督）

×

澤田勝彦

2002年夏の甲子園、明徳義塾（高知）を率いて全国の頂点に立った馬淵史郎は1955（昭和30）年11月生まれ。1996年夏に松山商業を日本一に導いた澤田勝彦は1学年下になる。

馬淵は愛媛県の西部に位置する八幡浜市の出身で、三瓶高校で甲子園を目指した。対する澤田は名門・松山商業の出身だが、ほぼ同時期に高校野球に監督に就任している（澤田は88年9月、馬淵は90年8月）。ふたりとも69年の松山商業―三沢の決勝戦に魅了された野球少年だった。

馬淵　僕たちの少年時代は、まだ戦後の名残がいろいろなところに残っていましたよ。育ったのは八幡浜の小さい島やったから、蛍光灯じゃなくて豆電球。うちの家で食べるのは麦飯。兄弟も多くて、食事の時は競争で、ぼんやりしとったら食べるもんがなくなってしまう。子どもの頃から、弱肉強食で育ってきました。

澤田　今みたいに、ひとりひとりに食べものが用意されるようなことはなかったですね。

馬淵　松山商業と三沢の甲子園決勝戦、18回延長再試合になって優勝した時、僕は中学二年生でした。

澤田　私は一年生です。

馬淵　白黒テレビにかじりついて見ながら、「俺がやるのは野球しかない」と思ったもんです。

澤田　同じように思った少年が、愛媛だけではなくて、全国にたくさんいたはずです。

馬淵　あれから50年以上が経っても、頭の中には「松商の野球」があります。僕の野球の原点。

澤田　馬淵さんが明徳の監督になって「秋の新チームができた時と夏の大会前に練習試合をやろう」と声をかけていただき、恒例になりました。松商は新チームができた時はたいしたことないけど、夏には勝てるチームに変わる。その秘密を知りたいと馬淵さんに言われて。

馬淵　松商は、全国でも有数の名門校です。この名前を知らない人はいない。そこでコーチを長くつとめて、監督を任された澤田さんの大変さはよくわかります。松商の監督は、重たい十字架を背負わされていますから。誰もがやれるもんではない。

澤田　私が監督として長く指揮をとれたのは、年2回、練習試合をしてくださった馬淵さん、愛媛でいえば上甲正典さん（宇和島東↓済美）、恩師である一色俊作さん（松山商業↓帝京第五↓新田）という全国優勝経験を持った監督さんがいたからです。目標であり、またライバルであった。そういう存在のおかげで、奮い立つことができました。「松商の伝統を守ろう」という気持ちがどこかにあったと思います。

馬淵　僕は拓殖大学を出て、社会人野球の阿部企業で監督をやりました。87年に明徳のコーチ、90年に監督になるんやけど、失うものは何もない。攻めるだけです。松商の監督だったら、相当なプレッシャーを感じたはずですよ。

澤田　でも、私立高校には私立高校の大変さがありますよね。

馬淵　負けたらクビになるという厳しさはある。あの上甲さんでも、済美の監督になってから「私立の厳しさがようわかった」と言ってましたから。それをバネにしたから、すごい人なんやけど。

澤田　上甲さんが「松山のファンは厳しい」とおっしゃっていましたね。

馬淵　高松商業（香川）、徳島商業（徳島）、高知商業（高知）、そして松商という〝四国四商〟と言われた伝統校で監督をするのはどこも大変やけど、一番は松商でしょう。愛媛では、松商のＯＢに監督をやってほしいと思う人は多いやろね。やりたい人はた

くさんいても、できる人は少ない。寿命が縮まると思う。

澤田　「松商の監督をやれ」と言われた時は、「勘弁してくれ」と思いましたよ。監督をやりたいという気持ちはまったくなかったですね。

馬淵　普段の練習の時から、ネット裏には「松キチ」と言われる熱心なファンがいて、目を光らせとるしね。

澤田　北条の監督を辞めて松商のグラウンドに来た時に、あまりの数の少なさと静かさに驚きました。昔は野球の目利きがたくさんいて、一挙手一投足を見られているという緊張感がありましたね。普段の練習から監視されているようなもので、少しでも気の抜けた練習、ヘタなプレーでもしようものなら、ひどいことも言われた。あの緊張感があったから、私も選手も成長させてもらったんだと思います。試合に負けたら、ボロカスに言われました……。

馬淵　目の肥えたファンが松商の野球を育てたという部分は絶対にあったね。明徳の場合、外から采配に口を出されることはない。毎年、野球部ＯＢ会に２５０人くらい集まるけど、８割は教え子。県外出身が多いから、その点ではやりやすい。そういう意味では、僕は好きなようにやらせてもらってますよ。

最後に勝利をつかむために

馬淵　愛媛の野球のレベルを上げるためには、松商が強くならんと。松商を倒すために、今治西や宇和島東、済美が頑張って、甲子園でも勝てるチームが出来上がったからね。松坂大輔（元・埼玉西武ライオンズなど）がいた横浜（神奈川）が春夏連覇をした１９９８年、高知商業には藤川球児（元・阪神タイガースなど）がいて、「藤川を倒せ」と言いながら猛練習をした。高知で勝って甲子園に行って、横浜には負けたけどベスト4まで進んだからね。

澤田　松商は23年も甲子園から遠ざかっています。済美が2018年夏のベスト4まで勝ち進んだけど、愛媛の代表校は全国でなかなか勝てない。

馬淵　四国大会に出た他県の代表に「愛媛と対戦したい」と言われるようでは恥ずかしい。

澤田　そういう声も聞こえてくるし、実際に勝てない。接戦でリードしてる試合でも、勝ち切ることができない。どんな内容であっても、勝つことが大事なんですが……。

技術だけじゃない、それ以外の力も含めて足りませんね。

馬淵　野球は、技術がなければ勝てない。誰でも、練習すれば技術は伸びる。伸び率は個人個人で違うけどね。練習すれば、誰だってうまくなる。でも、勝ち負けは別。練習をたくさんやったからといって、勝てるわけではない。最後は「人間」ですよ。勝つ人間は違うんよね。ゴルフの松山英樹は明徳の出身だけど、素晴らしいのは練習だけじゃなかった。ゴルフの担当の人が「松山は世界一になれる」と言ってましたよ、当時から。

澤田　彼は松山市出身ですね。

馬淵　明徳から読売ジャイアンツに入った代木大和は成績もよかった。オール5やったからね。それで人間性もいい。プロ野球で引退したあとでも球団に求められる人間です。22年の正月に明徳のグラウンドに来たけど、炭酸飲料も一切飲まない。後輩にとって、見本になるような選手です。やっぱり、最後は人間やと思いますよ。

澤田　21年ドラフト6位で入団して、23年は一軍で13試合に登板しましたね。あの伝統のある球団で若くして活躍するのは本当に素晴らしいですね。

馬淵　プロに行く選手はどれも技術的には似たようなもんです。高いレベルで揉まれてダメになってしまう選手もおれば、一軍と二軍とを行ったり来たりしながらも必死に頑張る選手もおる。

澤田　腕一本で勝負する世界に見えるけど、行きつくところは人間性なんでしょうね。

馬淵　球団もそこを見ていて、もし成績が悪くても人間性がよければスタッフで残してくれる。

澤田　試合の勝ち負けについても最後は人間力じゃないかと思うんですが、どうですか？

馬淵　最後の最後で勝負を分けるのは、絶対に人間力。技術じゃないと思いますよ。

人間性のある選手が打てば、セカンドのうしろに打球がポトリと落ちたり、不思議なことが起きるんよ。技術がある選手が打ったいい当たりが野手の正面に飛ぶこともあるし。

澤田　打ち取ったと思った打球がポトリと落ちるのが、ピッチャーには一番こたえるんやから。

馬淵　〝奇跡のバックホーム〟の時の矢野勝嗣くんのプレーには裏付けがあったはず。そうでしょう？

澤田　そうですね。矢野で失敗したらしょうがないと思っていました。

馬淵　監督にそう思わせる選手だから、あんなプレーができたんですよ。

澤田　それに、本能であれができるくらいの練習を繰り返してなかったら、あの送球はできなかったですね。

馬淵　松商と熊本工業の試合の球審は田中美一さん（立教大学ＯＢ）。１９９２年夏の明徳と星稜（石川）の試合、５連続敬遠といって騒がれたあの試合も田中さんでした。騒然とした雰囲気の中でも、ストライク・ボールの判定が少しもぶれなかった。だから、星稜とあんな試合ができたんです。

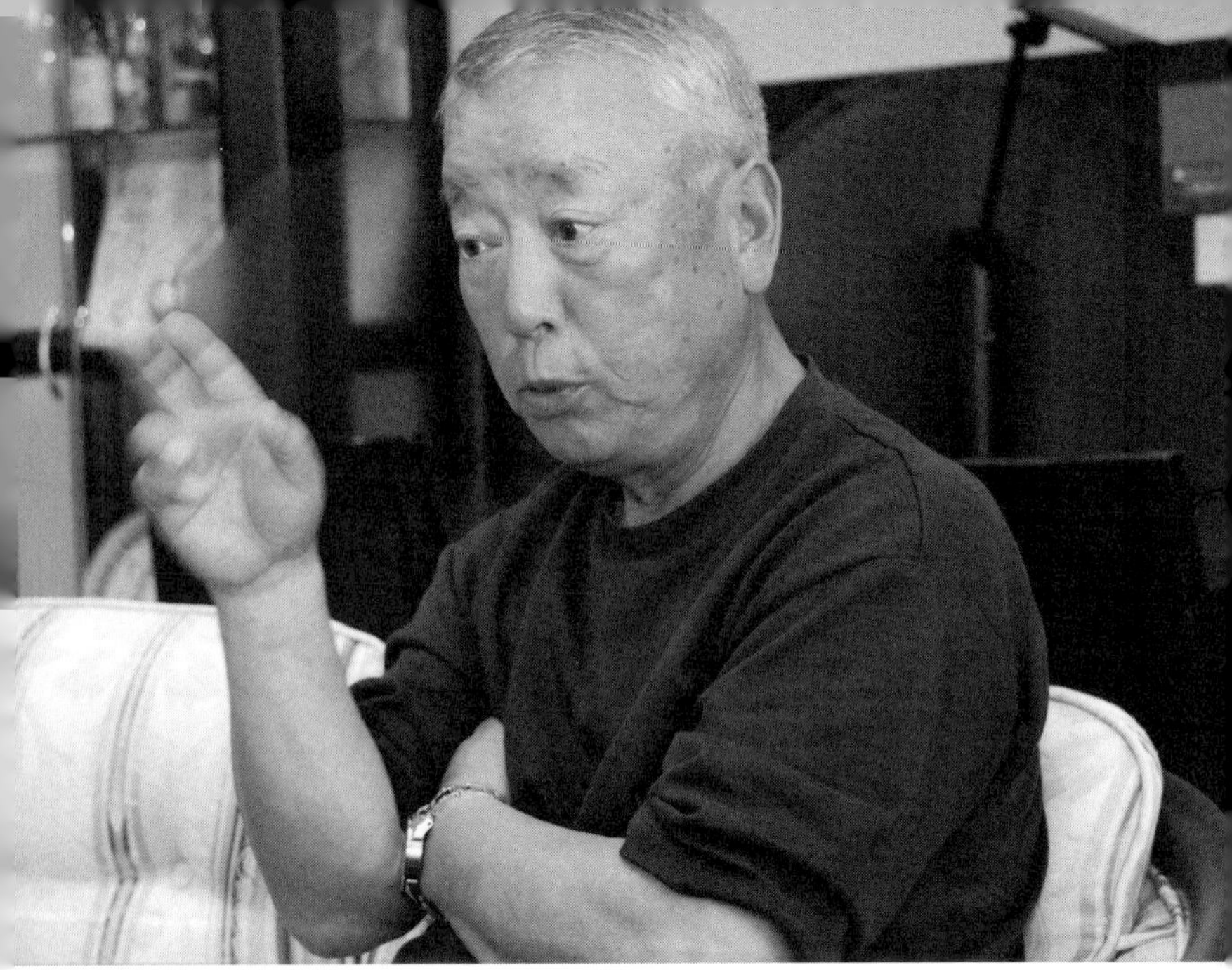

澤田　後日、田中さんに96年のことをうかがいましたが、ライトフライが上がった瞬間に心の中で「終わった」と思ったけど、すぐに気を取り直してジャッジしたそうです。本来なら、三塁側に回るのがセオリーなんですが、なぜか一塁側でタッチの瞬間を見て、「アウト」と言われました。結果的に、そこにいなければ判定はできなかったと思います。「だからはっきり見えた」と私にお話ししていただきました。ただ、興奮のあまり、二度「アウト」とコールされたことについては反省されてましたね。

馬淵　あのプレーでは、キャッチャーの石丸裕次郎もうまかったと思う。普通、ライトからの送球を少し前に出て捕ってしまうんやけど、ホームベースの上まで引き付けてからキャッチした。隠れたファインプレーですよ。

澤田　大事な時に信じられないプレーをするのが高校生です。なぜ可能になるかというと、過去の練習の積み重ねがあるから。たまたまで生まれることはありません。「練習はウソをつかない」というのは本当だと思う。

馬淵　何かに魅せられたように運を呼び込む選手がおるんよね。

澤田　本当に、不思議なことがありますよ。

馬淵が監督に就任して3年目、1992年夏の甲子園で明徳義塾が対戦したのが星稜（石川）だった。〝ゴジラ〟の異名をとる松井秀喜（元・読売ジャイアンツなど）を擁し優勝候補に挙げられていたチームを下したのが明徳だった。しかし、松井を5打席連続で敬遠したことが物議をかもした。

澤田　あの試合のあと、すぐにNHKから連絡が来ました。「5打席連続敬遠について聞かせてほしい」と。僕からしたら、どうしてそんな取材依頼が来るのかわからなかった。

馬淵さんはルールを破ったわけでも何でもない。勝つために策を練ることが悪いんですか。ルールに則って作戦を立てて、選手はそれを実行して、試合にも勝った。もし批判するとするならば、応援団のマナー（メガホンがグラウンドに投げられたことで試合が一時中断した）じゃないかと僕は思いました。敬遠は野球というスポーツの中の、立派な作戦ですから。

馬淵 あの試合で、いろいろなところから抗議やらなんやら、たくさん来ましたよ。でも、問題になること自体が「なんで？」という思いやった。「なぜやったのか」と聞かれたら、「勝ちたいから」と答えるしかない。弱いチームが強いチームに勝つために作戦を練るわけよ。ルールブックの第1条第4項に「相手チームより得点が多いほうが勝つことを目的としたスポーツである。そう書いとるじゃないか」と言ってくれたのが、箕島（和歌山）の監督だった尾藤公《ただし》さんですよ。

澤田 ただ、反響がすごすぎましたね。

馬淵 そうそう。テレビのワイドショーでも取り上げられてね。

澤田 批判を受けてもぶれない、そういうところが馬淵さんのすごいところですね。

馬淵　澤田さんのすごいところは、野球に対する情熱。人に絶対に負けないという、勝利に対する執念がある。コーチをやったから監督ができるかというと、そうじゃない。人間性も認められて、松商という名門を任せられる人じゃないと。若くして監督に抜擢されたということが、澤田さんという人物を証明していると思う。

澤田　松商はOBも後援会も、学校も地域の人も、みんなが期待してくれる。そういう方々の期待を裏切らないようにということを考えて指揮をとりました。

馬淵　今の大野康哉監督は、今治西を率いて甲子園での実績もあるけど、松商のOBではないから。澤田さんが監督とOBとの間に入って、緩衝材の役目をすることで大野くんがやりやすくなる。澤田さんもどんどん意見を言ったらいいと思う。それを受け入れるかどうかは監督次第。勝ち負けの責任を取るのは監督やからね。

澤田　馬淵さんが言われた通り、自分の役割を自覚しています。防波堤になれればと思うし、監督にとっていいヒントになるものを提示できれば。僕が戻ったことで、「母校に行ってみようか」と思うOBが増えればと思っています。OBが戻ってこられる場所をつくれればと。

馬淵　大野監督は「これだけは」という信念を持っているけど、素直なところもある。

澤田　高校野球の監督は、カリスマ的なものも持っておらんとやれないポストですよね。周囲に対して、何も言わなくても伝わる、醸し出すものがないといけない。

馬淵　まあ、星がなかったら勝てんよね。どうしても、持って生まれた星というものがある。勝つ人間はみんな、星を持っとる。逆に、なんぼいいチームをつくっていい試合をしても、勝てない監督もいるから。

澤田　昔から、「星を大事にせえ」とか「運も実力のうち」などと聞くけど、その通りだと思う。

馬淵　バカじゃっとまらんし、利口でもできん。中途半端ならなおさらできず（笑）。

運だけでは全国優勝はできない

澤田　1996年夏の甲子園では、両チームが勝ち上がれば3回戦で対戦する組み合わせでしたね。

馬淵　うちにはエースの吉川昌宏（元・東京ヤクルトスワローズ）がいました。でも、2回戦で新野（徳島）に負けてなあ。中盤までは3対0で勝っとったのに、7回に同

点に追いつかれた。9回にバスターエンドランでピンチを広げられて、逆転負け。俺の頭には「次は松商や」「甲子園で松商と試合ができる」というのがあった。

澤田　こんなこと言ったらいけんけど、内心では「明徳、負けんかな」と思っていました。ゲームセットの瞬間に、「これで上位に行けるかも!」と光が見えたような気がしました。

馬淵　新野に勝っても、おそらく、松商には負けたでしょう。松商のチーム力は練習試合をした夏前よりも格段に上がっていたからね。

澤田　手応えみたいなものは、少しだけありました。

馬淵　全国優勝は、運だけでは絶対にできません。実力がないと、どれだけいい風が吹いても無理です。

澤田　甲子園で勝つ時の戦い方ってあるなと思います。つくろうとしてもできるもんじゃない。

馬淵　自然発生的に、そういうムードになってくる。大人がつくり上げたものは崩れる。あのムードは、監督が選手を信頼する、選手が監督を信頼するという、そういうもので自然にできる。一度、「死んだかもしれん」という試合をモノにして、勢いがつくもんやね。

澤田　予選で、険しい険しい山を全員で登り切って初めて甲子園に立つことができる。誰かひとりが踏み外したら、奈落の底に落ちてしまうけど。何回負けても「また挑戦したい」と思えるのが甲子園なんですよね。

馬淵史郎（まぶちしろう）
1955年愛媛県生まれ。三瓶高校、拓殖大学を経て、社会人野球の阿部企業で監督をつとめた。87年に明徳義塾高校野球部のコーチになり、90年8月に監督に就任した。2002年夏の甲子園で優勝している。甲子園での通算勝利数54は歴代4位（2023年夏時点）。

巻末付録

［門外不出！］

松山商業の“虎の巻”を初公開!!

*B・R
1．ファール．フェア
2．一塁突き抜け！~~セーフ！~~
3．ファンブル！
4．抜けた！
5．暴投！
6．ホームクロス！
7．ランダウン！
8．オーバーラン！
9．自分で見て！

*2・R
1．離塁
2．帰塁
3．フラッシュ
4．ゴーバック
5．ハーフウェイ
6．三盗
7．エンドラン
8．ヒット判断

*1・R
1．離塁
2．帰塁
3．フラッシュ
4．カムフラージュ
5．ゴーバック
6．ハーフウェイ
7．二盗
8．エンドラン
9．併殺崩し

*3・R
1．フラッシュ
2．パスボールケアー
3．ライナーバック
4．ゴーサイン
5．スクイズ・スタート
6．スライディング
7．W盗
　バッテリー牽制

*ベンチコーチャーからのサイン・指示
1．アウトカウント
2．ボールカウント 右手ボールカウント 左手ストライクカウント
3．走者の位置
4．フラッシュ
5．カムフラージュ
6．パスボール・ケアー
7．ピックオフ・ケアー
8．空振り・ケアー
9．ライナー・ケアー
10．~~3→1→ケア~~ その場ウォーク
11．一つ判断
12．リードもう一つ
13．ゴーバック機敏に
14．ピッチャーだけ見て

何時・何を確認するか？　——　考えるかではない！

＊ベンチ

1．天　候
- 風向き
- 風力
- 太陽の位置

2．グランド
- 形　状（両翼・右左中間・ファールグランドの深さ及び広
- フェンス（角度・構造・高さ）
- 芝　生（状態）
- 土（硬軟・整備の程度）

3．イニング ―― 序盤・終盤

4．得点差 ―― 僅差・ワンサイド

5．守備力
- フォーメーション
- 肩

＊ネクストサークル

1．球種　2．スピード　3．組み立て　4．調子

＊ネクストサークル～バッターボックス

1．アウトカウント・走者の位置
2．打順・次打者
3．任務
- 出　塁
- 進める（ランナー）
- 還す

4．任務から推測されるサインの予測
5．任務遂行の手段

＊塁　上

1．アウトカウント
2．ボールカウント
3．走者の位置
4．打者は誰
5．次打者は誰
6．イニング
7．得点差
8．牽制の巧拙《こうせつ》→上手か下手か
9．守備力
10．フォーメーション
11．天候
12．グランド

1980年代の松山商業
強さの源は“虎の巻”にある

野球の試合はプレーボールの前から始まっていると澤田は言う。

「ウオーミングアップとシートノックの間に全員で確認する項目をまとめたのが前のページ。球場の形状や土や芝生の状態、太陽の位置、風の向きなどをしっかり把握することが重要です」

確認すべき項目をまとめ、全員で共有するように求めた。それが澤田の言う「100問」だ。

「窪田欣也さんが監督就任時から使っています。戦う前にすべてを確認・把握しておけば、試合がどんな流れになっても対応できる。ベンチで監督が何かを言わなくても動けるはずですよ」

イニングや点差によって、試合は動く。ケースごとに注意すべきことが書いてある。

「とにかく準備が大事だと言い続けてきました。万全の態勢で試合に臨むために必要なもので、これがなければ勝利はつかめなかった。

指導者になったOBは、これを使って教えているようです。時代が変わっても絶対に大事にしなければいけないものだと思っています」

P225～234の拡大版PDFが下記URLにて閲覧できます。
URL：https://zasshi.tv/info/35576/
※掲載期間について:2024年3月6日～2025年3月5日まで掲載予定、早期に終了する場合もあります。

バントシフト（R＝1塁）

牽制	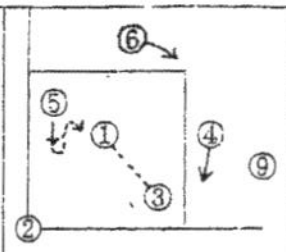	・ランナーを1塁に引きつける。 ・良いスタートを切らせない。 ・攻撃側の作戦を見る。	・飽くまで牽制　慌てて暴投等投げない。 ・セットを長くしたり短くしたりあるいは、早い牽制、遅い牽制などを織り混ぜ打者及び走者のシッポを掴む。 ・軸足を抜くだけでも充分牽制になる。	・暴投、ファンブルに対するカバー ・ディレードスチールに備えて2塁ベースにスタート ・セットに入ると同時に「やらせー！」でダッシュ、囮となって1走の飛び出しを促す。 ・1BからPへの返球カバー
ウエスト	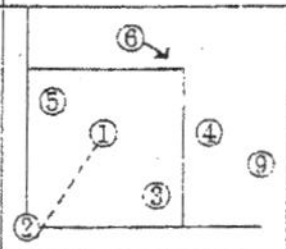	・攻撃側の作戦をみる。 ・「バントシフトはとらない！」と攻撃側に思わせる。	・バント、フェーク・バスターを見抜くには外角に外れるカーブが有効 ・バントかヒッティングかを見抜くにはストレートでよい。 ・いずれにしても気の抜いた甘い球は戒める。	・ヒッティングシフト
トリック	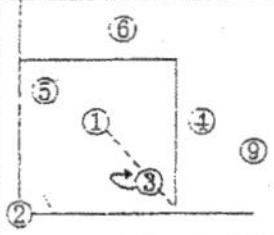	・バントシフトの欠点は1Bが投手の投球より一瞬早目に前進するので走者のリードが大きくなり、しかもスタートを起こし易い状態となる。 この欠点を補う為、この牽制を使い走者に「投手のモーションでしかスタートが出来ないな！」と思わせる。	・必ずアンサーを出し1Bのやる事を理解していないと、もしホームへ投球をする様な事になれば1Bは1塁ベース上で攻撃側のバントをただ観衆のように観ている事になる。 ・見せることが第1、殺すのは2の次	・「やらせー！」でダッシュ、「おい！」で送球 ・ダッシュすると見せかけるのは5～6歩 ・帰塁時はPから目を切らない ・「おい！」の声は塁の1，2歩前 ・Pから送球に対処するため塁は無理にまたがなくてよい。（送球は前で受ける）
ピックオフ	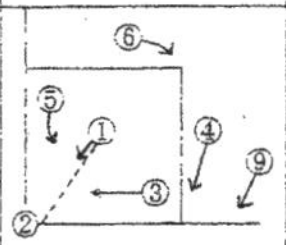	↓（トリック参照） 〃 ・必殺シフトを敷く前に見せる、あるいは必殺シフトの後で仕掛ける。	・絶対にはずす（盗塁、エンドランケアー） ・捕手は外角高目が送球し易い ・1塁手のスタートと同時に走り出す。走者がいるので一呼吸待って投球 ・慌ててパスボール、暴投などしない 間に合わないタイミングの時は送球を中止	・ライトへサインを忘れず（自分のアンサー）2Bも同じ。 ・投手がモーションを起こすまでは横バイ、モーションと同時にダッシュ ・1塁ベースに入るタイミングはCからの悪送球に対処出来るくらい ・タイミングの悪い時は両腕交差でCからの悪送をSTOPさせる。悪送球は前に落とす。
ヒーフティー	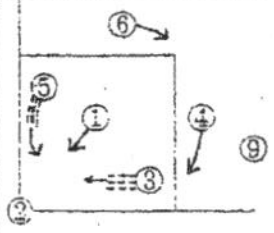	・「ヒッティングがあるかも！？」シフト ・強いバントは2封 ・もし打ってこられても充分守れるシフトである（2Bが出るシフトに比し）。	・ストライクを投げる （但し安易な球を投げない） ・2塁で殺すフットワーク ・捕手の指示に従うが自分の判断が重 ・処理しないときは3塁ベースカバー （内外角高目は小飛球／内外角低目はファール）になり易いが飽くまでやらせる事が第一	右投1B 左投1B （ベース感覚をつかむ／半身処理となる） ・自軍の守備能力を充分知っておく。 ・自分で処理するところを忘れるな。 ・右目で走者、左目で処理する野手を見る。 ・指示は大きく、はっきり塁を指して。
必殺	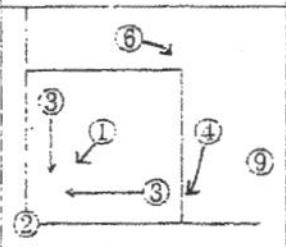	・「絶対バント！」シフト ・いかなるバントも2封 ・小飛球に対処 ・打者にプレッシャーをかけ失敗を誘う。	・絶対ストライク （ボールになると攻撃側がバスターに変更！？） ・自分の横を抜ける強いバントに注意 “強い当たりのバントだから2塁”／“弱い当たりのバントだから1塁”の概念は捨てる ・処理しない時は当然ベースカバー	・バントの構えからのヒッティングはあると思っておく。・1塁ベース上で一呼吸の余裕（悪送球の対処）。・「ピックオフを仕掛けるぞ！」と見せかけ1塁走者の離塁を短くさせる。 ・バントをさせてから動く。・盗塁されてもベースカバー出来る位置。・SSは2番目の指示者。・1つ殺すことを大事に。 ・無理な体勢からの1塁送球はしない、勿論間に合わない送球もしない

バントシフト（R＝2塁）

右廻り	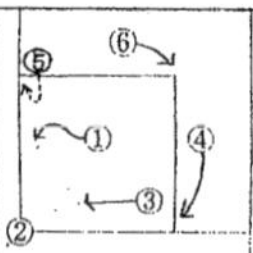 ・一般的なシフトで万一ヒッティグされても危険度が低い（同時に三者での刺殺率も低い） ・ヒッティングの際の危険区域が1塁側にあることに留意	P・セットポジションをとる前にSS．2Bからのサイン（牽制こい！）の確認 ・サインプレーは投手から始まる（投げる場所を間違えない） ・ホームへ投球するタイミングは『ショートがランナーを引きつける為2塁ベースに入るランナーのウェイトが2塁ベース方向に動く』この時が最も良い ・3Bとの声の連継「まかせー！」「サード」（「サード」の指示を出した後は3塁ベースカバー）※このシフトで1番起こり易いミスはPと3Bの連継ミスである ・3塁側に降りる時の注意は投球即ち3塁側ではピッチャー前の当たりが捕れないので、投げる→バント→スタート（3塁側を全部自分で処理する気持ちを持て） [illegible]・投手は「3塁側へ降りる」という気持ちが強いので投手の左方向部分のカバーをする（後ろ向きで追い1塁だけでもアウトにする） 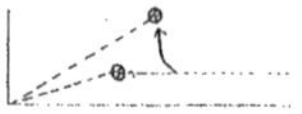	[illegible]・守備位置はダブルプレー時でよい（ランナーのひきつけはショートに任す）　・投手のモーションで横バイスタートをしヒッティングポイントでは止まって見る（守備に備える） ・横手を見ながら1塁ベースを足で探す様な事になるのでバントをされてから一目散に走る [illegible]・ランナーの引きつけをする ・モーションと同時に出来るだけ元の位置に戻り守備（ヒッティングに備える） [illegible]・「2塁牽制」であれ「ホーム投球」であれ前にダッシュする構えを見せる ・ベースに戻る時ボールから目を切るな ・ベース上で一呼吸の余裕 ・「投手が捕れないであろう」で前進して行く様な事はやめる ・フォースプレーかタッチプレーか（間に合わない時は1塁送球を指示）
左廻り	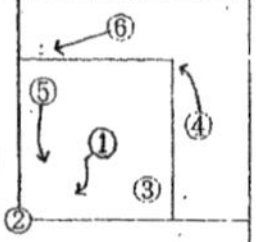 ・右廻りシフトを見せた後に有効、攻撃側がセオリーどおり3塁手に処理させるバントをした時刺殺率は高くなる ・危険区域は3塁側	P・右廻りシフト、左廻りシフト、三者それぞれ誰が3塁ベースに入るのか頭に入れておく、この場合はSSである ・このシフトで自分が処理するのは1塁側であるが、自分が処理すべきボールか1Bに任せるべきボールか早く判断する （どちらが処理するにしてもいずれか1人が1塁ベースカバーに入らなければならない） [illegible]・右廻りシフトの3Bの役目 （ヒッティング、プッシュに備える） ・投手からの「ファースト」の指示で捕りに行くこと。「俺のボールだろう」で捕りに行くと1塁ベースは誰もいないことになる [illegible]・2走の引きつけは2Bの役目、右廻りシフトのSSと同じ考え方	SS・このシフトのキーマンである　・SSが動き始めないと他の野手は動かない ・Pがセットに入り静止してからスタートを切る　・3塁ベース上で一呼吸の余裕（悪送球に対処）　・スタート直後は3塁に向けて走るがヒッティングポイントでは打者を見て仮にヒッティングされた時には可能な限り対処しなければならない [illegible]・ショートがスタートを切ったのを確認してからダッシュしなければならない（2走のディレードスチィール注意） ・1塁に間に合わないうまいバントの時は1塁に擬送→3塁転送 C・死んだボールは素手で掴む ・回転しているボールはミットを添える ・捕るまでは絶対に顔を上げるな！ 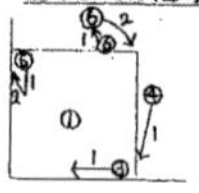 （右廻り牽制） ショートノスタートヲカクニンシテカラ. 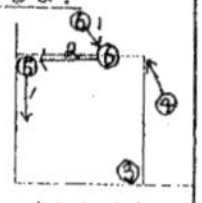 （左廻り牽制）
三者	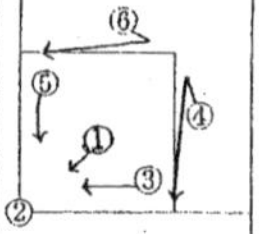 ・「絶対バント！」シフト ・100％3塁で刺殺出来なければシフトの意味がない （1塁で殺すだけならシフトをとらなくても殺せる）	P・真ん中に投げてバントをさせる事に心掛ける ・投球するタイミングはショートが1度2走の引きつけを行い3塁へ向けてスタートを切ってから一呼吸おいて投球すること、余り早く投球するとサードのダッシュが出来ないしショートのベースカバーも出来ない ・1Bでは3Bと自分のどちらでも処理出来るタイミングであれば野手に任せる事（スローイングが速いし確実である） C・目の前のバントであれば自分で処理する気持ちで ・ダッシュしてきた野手とCの中間であればCの方が状況が分かるし捕った姿勢でそのまま投げられる ~~[illegible]・ダッシュするタイミングは3Bと同じにする~~ ・投手より先に自分が処理せよ 2B・ショートと同じか、少し遅らせてベースカバーに入るような引きつけ方をして1塁ベースカバーに走る。自分が進んでいる方向に打球が来た場合可能な限り処理する ・引きつけはショートと同じでも良いがショートがスタートを遅らせる勿論2Bも1塁ベースカバーで一呼吸の余裕がいる訳であるから最初の位置はやや1塁ベース寄りになるのはやむを得ない [illegible]・「動きながらボールを捕球しタッチしなければならない」では余りにも危険すぎる ・あとは左廻りシフトと同じ「目を切るな」「フォースかタッチプレーか」「間に合わない時の指示」「擬送→転送」	[illegible] ・左廻りシフトと同じ

サ イ ン

		球種	ケース	打者	(注意事項)	走者 (注意事項)
バント	バント	ストライク	0・1死－1塁 0 死－2塁	球を殺す！	・シフトをとられても慌てるな ・得意なコースでよい	第1バウンド確認！ ・空振り ・見逃し ケアー ・小飛球
	バントの構えから 待て		シフトを見る 待球戦法	らしく！	・守備側を惑わす様な そぶり	カムフラージュ！
	バントの構えから 打て		シフトの逆手 をとる	第1バウンド！	・ボールを打つな ・シフトなしの時は中止	
	スクイズ	ジスボール（どんなボールでも）	0・1死－3塁	第1バウンド！	・コース不要 ・殺し不要 ・最悪ファウル	牽制ケアー！
	スクイズの構えで 待て		バッテリーを 揺さぶる	らしく！	・スクイズより1呼吸早目に オーバーな動作で捕手の目 の高さにバットを置く	カムフラージュ！
	セーフティー スクイズン1B前	好球	0・1死－3塁	正確に！	・コースを決める ・ストライク見逃がし可 ・自分は生きなくてよい (3走を還すことが目的)	判断！ ・慌てゝ突入させない ・〃 STOPしない
	〃 3B前		〃			
	バントエンドラン	ジスボール	0 死－1塁 (1)	スクイズと同じ！		
盗塁	スチール・ ウェイト			空振り援護！	・投球に合わせて腰を引く ・1呼吸遅らせて空振り	逆をつかれたら中止！
	スチール・ ヒット	絶好球		ワンポイント バッティング！	・ヒット狙い ・球種、コース、タイミング ・空振り援護不要	
エンドラン	エンドラン ゴロ打ち (A)	ジスボール		第1バウンド！	・コース不要	逆をつかれても走れ！
	エンドラン ライナー狙い(B)					
	エンドラン (A) バントの構えから(B)		バントケース			
	ストライク・ エンドラン	ストライク		ツー・ストライク バッティング！	・ヒット狙い	逆をつかれたら中止！

(ランエンドヒット)

三盗（完全にリズムの合った時のみ敢行・合わなかった時は中断）		
ベンチ	走者（2R・1R左投手）	ベンチ
出来るか？	出来る！	GO！ 了解
出来るか？	出来ない！	了解
――――	出来る！	GO！ 了解 STOP！

セーフティーバント	・あらゆるケースで出る（2死・3塁でも） ・2B前は早く構える程有利。
ウェイティング	・バッティング姿勢で待つ。 ・バントの構えで待つ。
この一球は何もなし	・ブロックサインの動きはなし。
この打席は何もなし	・敵を欺くためブロックサインの前後にする場合あり。
GO！サイン	・0・1死－2・3塁 第一バウンド確認で本塁突入。明らかにアウトの時はランダウン。
サイン確認	ポイントのみ触る場合あり。 ベンチが気が付かない時は、タイム要求 （再サインはブロックサイン）

ランダウン

1 早く殺す　　走者に惰性をつけさせるべき全力で追う

5 飛び出しは（中間で止まっている）若い塁へ

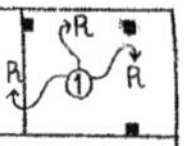

2 右へ抜け　①右投げ左グローブ
②オブストラクション の防止③野手同志の衝突を避ける

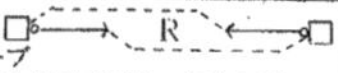

6 野手に余裕のある時は投手に参加させない　（1人走者の時）
・接触プレーによる怪我の防止

3 送球は上から　①擬送球はしない
②送球前にボールを見せる

7 アウト！
ラインアウト！ のコール
・大きくはっきり
・審判のジャッジを促す

4 塁の一歩前で

※タッチする余裕を持つ

8 審判のジャッジがあるまでプレー続行

【R＝1，3塁1走追い出し】

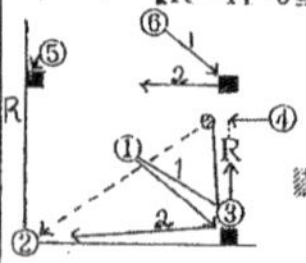

・まず1塁ベースカバー
・本塁or 3塁へ転送されてからホームカバー
（3走が走ったからではない）

・まず全力で追う
（勿論3走の様子を見ながら）
・2Bへ転送

・1塁と2塁を結ぶ線上に入る、1Bからの送球を受ける
・この時3走の様子を伺う（3走は1B→2Bへの送球時が狙い目）

・送球を受けたら出来るだけ3塁方向に追いつめてボールを離す
・3走がUターンした時は、3Bへ送球して再びホームを守る（投手が1塁経由でホームへ来ることを頭に入れておく）

・②→⑤一発必殺が理想、早目にCから受けた時は本塁に向かって全力で追い⑤→②で一発必殺
（SSが2塁経由で3塁へ来ることを頭に入れておく）

【R＝1，3塁　1走追い出し同時に3走飛び出し】

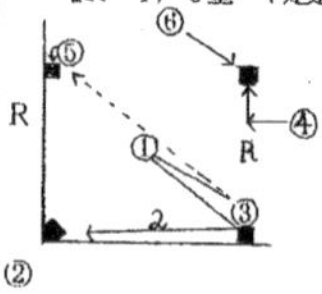

・1Bが3Bに送球するか、3塁方向に走り出した時に3塁ベースカバーに走る

・SSが2B経由であるので早くから空けると誰もいない。その為には走者をホーム方向に追い⑤→②一発必殺
・1Bから3Bへの転送と同時に本塁へ向けて走った場合は即Cへ送球してすぐ3塁へ戻る場合もある。

・3走の飛び出しがどの程度かを知らなければならない（1走を助ける囮かも！？）
・完全な飛び出しのみ送球
・中間で止まっている時は3塁に追いつめて送球（早くボールを離した時はホームカバーそうでない時は3塁ベースカバーに加わる）

【R＝満塁で1走飛び出し】

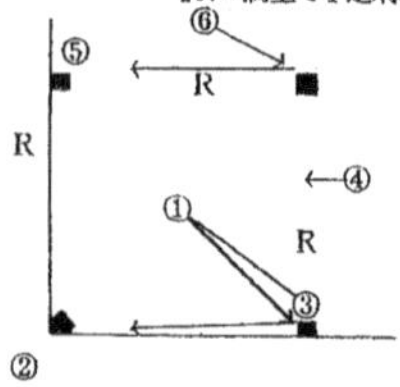

※3走が走った場合
1，3塁の時と同じ

【R＝1・3塁　3走追い出し】

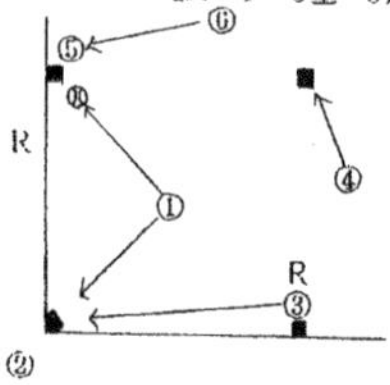

※SSのカバーに注意

※やはり早く殺す事が大事

【R＝2・3塁　2走飛び出し】

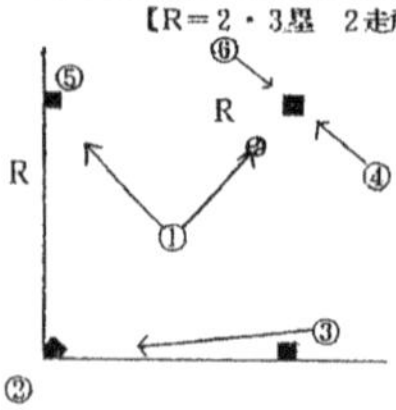

※1Bは3走がホームへ走って来た時の予備カバー
但し時間的に余裕のある時は投手を控えにまわす

【R＝2・3塁　2走が投球で飛び出し】

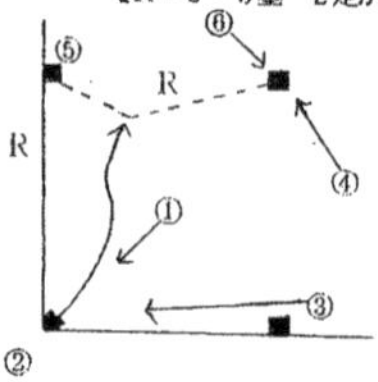

※P、1BはCが前に出て追い込み出せばホームカバーに走る

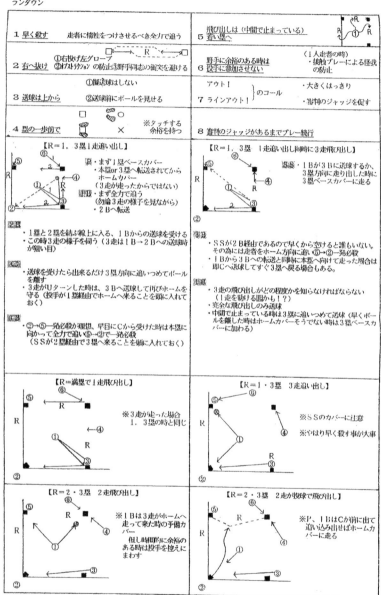

カットオフプレー(I)

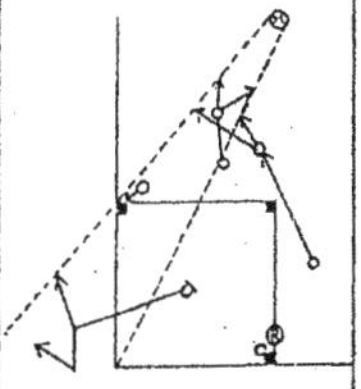

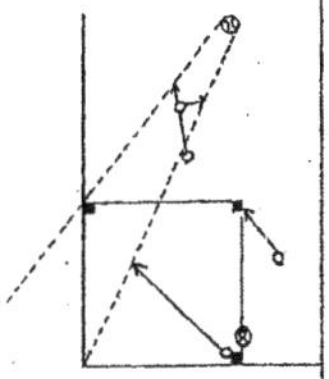

<1塁左中間長打>

P・走者の位置・ボールの位置によってカバーの変更
(最初からホームカバーは、避ける)
・カバーの距離は遠からず近からず。
(ベースマンの位置を越えた送球を2~3 バウンドで処理出来る位置→15m位)
・野手からベースマンに送球されたボールを読みながらカバーをする。

1B・1走・打者走者の触塁確認。
・打者走者の後を追って2塁ベースカバー。
・SSからの送球(オーバーラン狙い)があるので目を離さない。

2B・完全に抜けると判断したら一目散にSSを追う(この場合走りながら走者の動きを見なければならない)但し、実線は不要。
・打者走者を2塁で刺せるタイミングであれば2塁ベースマン。
・外野手がSSに送球しようとしている時にどの塁へ投げるかのアドバイスを送る(10m位後方で外野手からの送球を読みながら→フォロー)

SS・一目散にカットに走る(外野手との距離は体勢・肩を考慮して)
・外野手が球に追いつく迄は首振りをしながら走る。
(ある程度の判断は自分でつけておく)
・大きい的をつくり大声でボールを呼ぶ。

3B・間に合わないタイミングで送球してきた時はラッキーバウンドで止める。

C・タッチの後即塁上の走者に備える。但しタッチはあくまでも正確にする。
・簡単に後へそらさない。

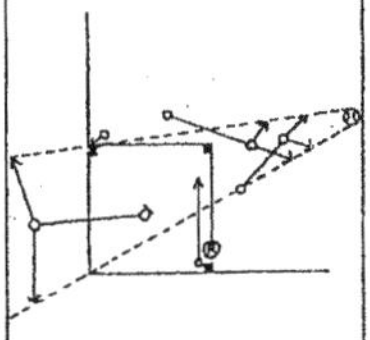

<1塁右中間長打>

P・気落ちする事なく速やかにカバーに走る。
・左中間長打に比しカバー変更に距離がある。

1B・打者走者が3塁へ向った時「サード」の声を発するがあくまで1走のホーム刺殺が間に合わないタイミングである事を見てから。

2B・先づ1走がホームで殺せるかどうか見ながら走る。
・カットマンのアドバイザーとして一番信頼がおけるのは声の大きなトレーラーである。

*・実際に状況を正確に見れる者は動きの少ない3BとCであり特にCは3Bに比し視界向度も狭いのでより正確に見ることが出来る。
・大観衆の中でもCからカットマンに声が届く事が出来ればCに優るアドバイザーはない。

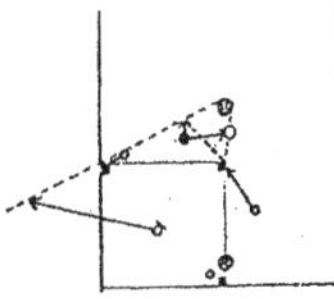

<1塁左中間シングル>

SS・1走が3塁を狙える打球であれば●の位置
(〃が2塁ストップの打球であれば○の位置)
・外野手の体勢が悪くバランスを崩すことがあるので近くに寄ってやる(早くもらう)
・エンドランの時は必ず●の位置へ入る。
・勿論、距離・外野手の肩にもよるが、体勢が良ければ1人で送球させることもある。
・3塁へ投げるつもりでカット。投げる時状況を見る。

2B・ランナーが少しでも3塁を狙う勢いがあれば「サード!」の指示を送る。
(2塁ベース前でスピードを緩めたものは別)

3B・1走が3塁を狙ってくると同時に打者走者も2塁を狙っている。
・ラッキーバウンドで捕ってもタッチ出来る時間・余裕がある時は、ベースを離れてでも正確に捕ることに努める。

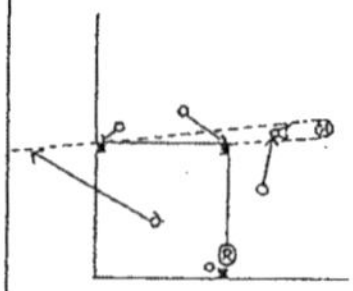

＜1塁右中間シングル＞

2B・このケースでは、左中間ヒットと違い打者走者は必ず2塁を狙ってくる（いわゆる（サードクロス））ので間に合わないタイミングでの送球はしない。

3B・送球を呼ぶ時は大きな声・大きな的、送球中止の時は両腕を交差する。

・間に合わないと判断した時は前に出て処理をし打者走者の2進を阻む。

・ランナーを欺くため「フラッ」と立ったり、さもボールを受ける姿勢をとるのも一つの手である。

・クロスプレーの後、次のプレーのある事を頭に入れておく。

SS・2Bに送るアドバイスに「ノースロー」「サード」があるが完全に2塁ベースに止まるスライディングを除いて少しでも勢いがあれば「サード」のアドバイスを送る。（勿論3Bは走って来ない時は前に出てイージーバウンドで処理する。）

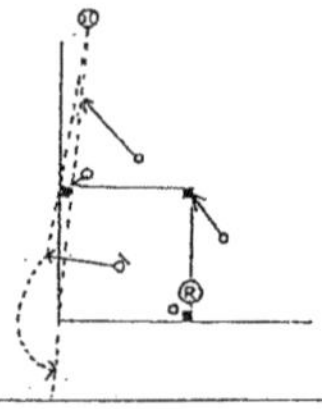

＜1塁レフト線長打＞

P・外野手のクッションミス・エンドランの時には、ホームカバーに走ることもある。

SS・ボールと3塁、或いはホームを結ぶ線上に入る。（1走の動きを見ながら）

・3Bからの「カット！」で3塁送球か、2塁送球かを感じておく。

2B・3塁でのクロスがない事が確認でき打者走者が2塁で刺せるタイミングであれば「セカンド！」で呼ぶ。

3B・1走がホームに走った時はSSに「ホーム！」のアドバイス。

・「カット」「ノー」

・「ノースロー」「セカンド」「ホーム」

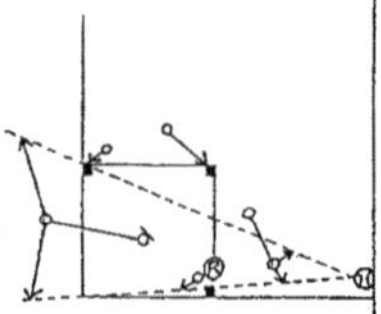

＜1塁ライト線長打＞

2B・打たれた瞬間は一目散にカットの位置へ走る。

エンドラン→「ホーム狙い」でカットに入る。

走ってない→「ホーム狙いもあるな」で 〃 。

1B・打者走者の触塁確認と2B・Cとのカットマン（2B1人の遠投もある）になると同時に2Bへの返球カバー。

・ホームへ近過ぎない様に（1塁ベースから2~3mホーム寄り）

・一走が3塁ストップの時、2Bからの返球は1Bが受ける。

・2Bへのアドバイスを送る。早くから「ホーム！ホーム！」は絶対しない。球の位置と走者の位置で2Bが「捕球しゆうとしている時」までに「ホーム！」or「サード！」にアドバイスを飛ばす。

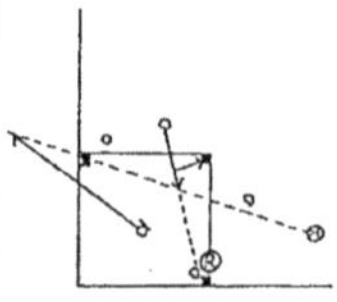

＜1塁エンドラン・ライト前＞

P・投げた→打たれた→ヒット→カバーと即、反応しなければ間に合わない。（右方向への打球で1塁方向へスタート、ライトへ抜けるかどうか即座に判断できない時は、そのまま1塁ベースカバーに入る。1塁に半ば入りかけて3塁カバーに走り直しても当然間に合わないし、レフトがカバーしている）

SS・3塁へ間に合うと思えば線上に入りカットマンとなり、送球の必要がなければ2塁ベースマンとなる。

・カットの位置は2塁ベース付近(5~7m)

・3Bから「ノー」「ノースロー！」があれば擬送球を試る。

・ライト→2B→SSorライト→SSであるが1･3塁で走者が止まっている時は持って上がらせる。

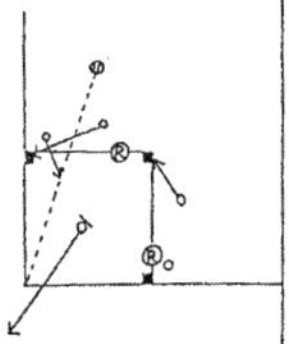	＜1．2塁レフト前＞ 3B・抜けたら即カットの位置に入る。そして走者とボールのタイミングをはかる。 ・捕手からの「カット！」「ノー！」でプレーを行うが全部"ホームへ投げる"つもりでカットに入る事。そして振り向き様に状況を見なければならない。擬送球もする。 ・「ノー！」の場合は好返球であるから「カットするな」の意味である。 ・送球を中止することは出来るが思い直して送球したのでは間に合わない。 C・「ノー！」「カット！」「セカンド！」「ノースロー！」等のアドバイスを送る。 ＊大観衆の中ではC-3B間ですら声が聞こえない時がある。「後ろ向きの3B」と「前向きのC」との判断が一致するところまで練習しなければならない。
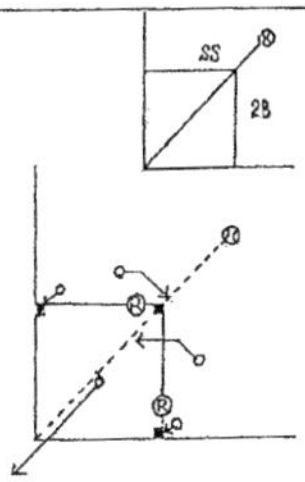	＜1・2塁センター前（強い当り）＞ 2B SS・打球のコースによってどちらがカットに入るか、あらかじめ決めておく（中央線であれば2Bの方がランナーの動きを見易い） ・但し例外もある 2B・SSがどちらかがダイビングをした場合には相手方のエリアであろうとカットに入らねばならない。両者の事前の取り決めは飽くまで「どちらでも入れる場合」の時であって状況に応じてカットマンにならなければならない。 ・この取り決めはR=3 塁犠飛の場合も同じである。 ・1Bがカットマンになる方法もある。
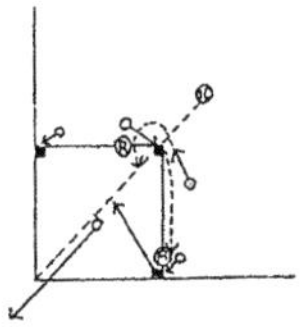	＜1・2塁センター前（緩い当り）＞ 1B・SS・2B いずれかが捕球した場合に1塁への送球があるので必ず抜けるのを見てからカットに入る。（その判断が早く出来れば出来る程カットにスムーズに入り易い） 2B・打球が捕れなかった時の2塁ベースカバー SS・打球を追ってそのまま1塁ベースカバーに走る。 ・SSが1塁ベースに走ることにより打者走者にオーバーラン距離を長くとらせない。 C・緩い当りでは外野手もかなり前進しているので外野手1人の返球もあり得る。又、1Bのカットへの入り方が遅い時もある。その場合前に出て処理する（間に合わない時）
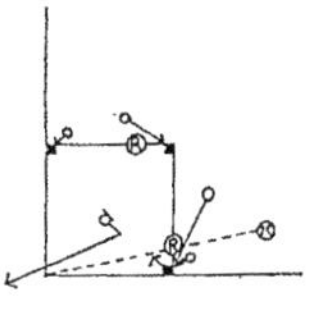	＜1・2塁ライト前＞ 1B・1Bがカットマンとなるのはゴロで抜かれたヒットが主である。 ＊ ゴロで抜かれた場合外野手も前進してくるのでカットマンの位置も当然ホーム寄りになる。外野手の返球はカットマンの頭をねらってくるのでカットしなかった時は捕手のミットへワンバウンドで入るところが理想的な位置である。 

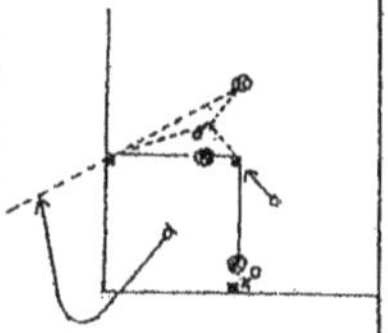

＜1・2塁左中間シングル＞
SS・バックホーム・バックサード・バックセカンドの判断
・外野手の肩、処理する体勢、ベースマンとの距離等でダイレクト
返球もある（外野手）

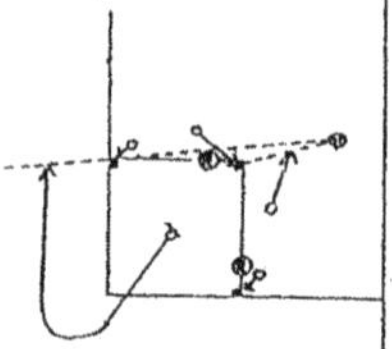

＜1・2塁右中間シングル＞

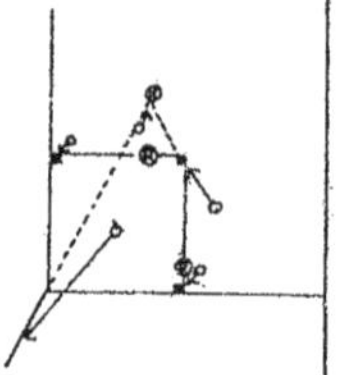

＜1・2塁ショート後方テキサス＞
[illegible]・2走が3塁ストップした場合、2Bへ送球するかボールを持って
あがってくる。
＊外野手が処理した場合
・早く内野手へ渡す。
・どこへ送球してよいか分からない時はとにかく持って上がる。
＊2走がホームを狙った時は、ダイレクト（カットなし）送球
（SS or 外野手）

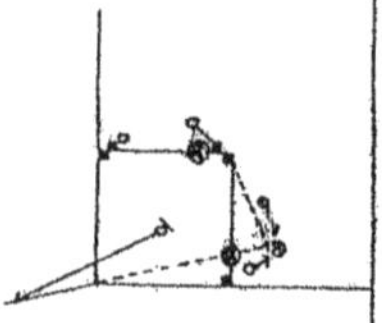

＜1・2塁、1塁後方テキサスヒット＞

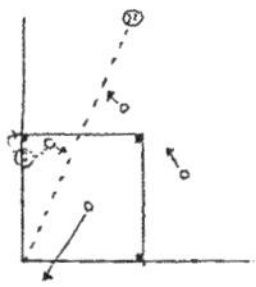

＜3塁レフト犠飛＞

SS・フライの場合カットはSSがする

（ゴロの場合は前進してくるのでカットの位置はホーム寄りが良い。つまり3Bである）

3B・ホームでクロスになるフライであれば3Bは3走のリタッチの確認するもよし、SSのカバーをするもよし、深いフライであればリタッチを見る方が良い。

・3塁単独のランナーであれば3塁ベースのカバーを必要としないので二段になるのも良い（この時リタッチ確認なし）

・R＝2・3塁の時は、3塁ベースを離れる距離に限界がある。左中間寄りであればSS一人のカットとすべきである（2走が3塁を狙う）

＜3塁センター犠飛＞

・SSと2Bの二段

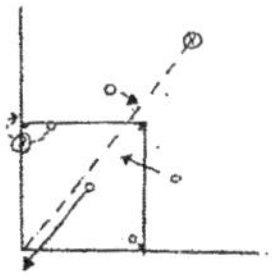

＜3塁ライト犠飛＞

・2Bと3Bの二段

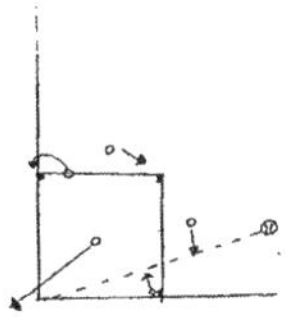

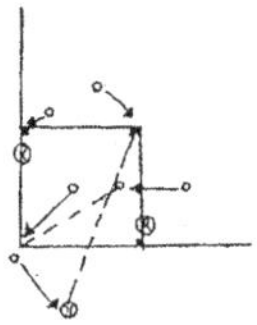

＜1・3塁キャッチャーファールフライ＞

＊キャッチャーフライが上がった場合いずれの走者もベースタッチをし次塁を狙うであろう。（1走が2塁を狙い3走が一つ遅らしてホームを狙ってくる）

＊これを阻止するため2Bがカットマンとなり3走が走らない場合は2塁ベースへ送球。勿論、3走がホームへ走ればホームへ送球。

＊Cはダイレクトに2塁ベースに送球せず必ず2Bに送球する。

（ランナーに動きのない時は送球しない）

＊3塁ファールが上った時はショートがカットマンとなる。入る位置はこのケースの応用である。

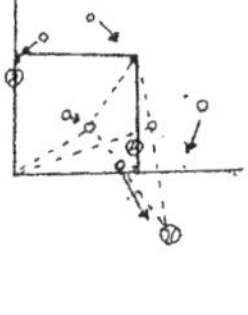

＜1・3塁1塁後方ファールフライ＞

＊1B・2B・ライトの三者が追う様なフライであれば投手がカットマンとなるべくマウンドを降りてゆく。

＊もし、1走が走った場合は2Bへダイレクト送球。

（1走のカムフラージュに注意、本当に走ったのを確認）

＊ランナーに動きのない時速やかに投手に返す。

＊1Bのみが追う様なフライであれば2Bがカットマンに入る。

W	ツーステップ（軸足を地面から上げ投手板上で踏みかえる）	8.01 (a)	投手板上の移行
W．S	打者に顔を向けないまま投球する（走者3塁）	8.05 (f)	塁に走者がいる時、投手が打者に正対しないうちに投球
W．S	投手板に触れないで相手からのサインを見る。	8.01	投手は投手板に触れてサインを見なければならない。
W．S	サインを見ていた投手がボールを落とした。	8.05 (k)	塁に走者がいる時、投手板に触れている投手がボールを落とした。
W．S	サインを見終わった投手が投球動作を起こしてボールを落とした。	8.01 (a)③② (b)④②	打者への投球に関連した動作を起こしたら、その投球を完了しなければならない。
W．S	サインを見終わって投球板をはずす、素早く投球板を踏み投げる（クイックピッチ）	8.01 原注	サインを見終わって投手板をはずしてもよいが、素早く投手板に踏み出して投球してはならない。
W．S	投球動作の中断、モーションの変更。	8.01 (a)③② (b)④②	打者への投球に関連した動作を起こしたら中途で止めたり変更したりしてはならない。
W．S	手、ボール、グラブに唾液、土をつける。	8.02	
W．S	投球動作中に故意に一時停止したり、ことさら手足をぶらぶらさせて投球	8.01 注(b)	中途で止めたり変更したりとは、故意に止めたり手足をぶらぶらさせること。
ノーW	軸足を投球板に触れたのちに両手を合わせてボールを保持（ノーワインドに順序）		ノーワインドの投手は両手を合わせたのち投手板に触れる順序を守らなければならない。
ノーW	ノーワインドの姿勢からセットに移る。	8.01 原注(a)ニ	ワインドアップポジションの姿勢からセットに移ったりストレッチする事は許されない。
ノーW	投球に関連する動作をして塁に送球	8.01 注(a)ニ	自由な足を踏み出したつもりでも投球に関連する動作をして塁に送球したとみなされた場合ボークとなる。
S	投手板上の移行 （塁への送球時、軸足を投手板の前方又は横へ外す）	8.01 (b)注四	軸足は必ず投手板の後方になずさなければならない。 （側方、前方は許されない）
S	膝の上で両手を合わせてサインを見る。	8.01 (b)原注	セットをとるに先立って片方の手を下に降ろして身体の横につけていなければならない
S	セットをとるに先立って片方の手を下に降ろして身体の横につけていない。	〃	〃
S	一連の動作でセットに入らなかった。	〃	中途することなく一連の動作でセットに移らねばならない。
S	ボールを両手で身体の前方で保持し完全に静止していなかった。	8.01 (b)	ボールを両手で身体の前方で保持し完全に静止する。
S	ボールを両手で身体の前方で保持し2度停止した。	8.01 (b)注二	身体の全面ならどこで保持しても良いが、いったん両手で保持し止めたら移動してはならない。
S	セットの姿勢から先に手を離して軸足をはずした。	8.01 (b)注五	必ずボールを両手で保持したまま軸足をはずさなければならない。
S	セットの姿勢から軸足をはずしたが両手を離して身体の両側に降ろしていない。	8.01 原注	投手板をはずしたら必ず両手を身体の両側に降ろさなければならない
S	セットの姿勢から首以外の部分を動かして塁に送球した	8.01 (b)注二	完全に身体の動作を静止し首以外はどこも動かしてはならない。
S	セットの姿勢から塁に送球したが自由な足を直接その塁へ踏み出していなかった。	8.05 (c)	実際に踏み出さず自由な足の向きを変えたりちょっと上にあげ廻したりしてはならない。
S．W	投手板に触れている投手が1塁へ偽投した。	8.05 (b)	2塁と3塁への偽投はかまわない。
S．W	投手板に触れている投手が走者のいない塁へ送球したり、真似をした。	8.05 (d)	投手板を正規にはずせばステップしないで送球してもよい
S．W	投手板に触れないで投球に関連する動作を起こした。	8.05 (g)	投手板をまたいだままストレッチを行いボールを落としてもボークとなる。
S．W	投手がボールを持たないで投手板に立つか、投手板をまたいで投球の真似をした。	8.05 (i)	

Profile

澤田勝彦

（さわだかつひこ）

1957年2月、愛媛県松山市生まれ。松山商業、駒澤大学を経て、80年に松山商業野球部コーチに就任。86年夏の甲子園準優勝を経験したのち、88年9月に監督に就任した。90年夏の甲子園をはじめ、春夏合わせて6度の甲子園出場を果たしている。96年夏の甲子園で優勝、2001年夏の甲子園でベスト4進出を果たした。2010年4月から21年7月まで北条の野球部監督をつとめた。現在は、松山商業野球部OB会顧問。

［参考文献］
・愛媛のスポーツマガジン『E-dge』（愛媛新聞社）
・高校野球名門校シリーズ15 松山商業高校野球部（ベースボール・マガジン社）

おわりに

２０２３年11月25日、松山市にある坊っちゃんスタジアムに、松山商業と熊本工業のユニホームを着た男たちがいた。１９９６年夏の甲子園を沸かせたメンバーはもう40代半ばになった。

両チームの選手たちがグラウンドに散り、それぞれのポジションで構える。シートノックを打つのは松山商業の監督だった澤田勝彦だ。

66歳の澤田がノックバットを握るのは2年ぶりのことだ。北条の監督を退いてから、その機会はなかった。

テンポよくノックを打つ澤田。それを両手で捕り送球する選手たち。ファンブルした選手を冷やかす声が飛ぶ。中年に差し掛かった元球児に昔のキレも安定感もないが、みんな、うれしそうに打球を追う。「外野ノックはできんぞ」と言っていた澤田だが、大きなフライを外野手に向かって打った。

ノックを打ち終わったあと、腰に巻いたコルセットを外した澤田は言う。

「みんな、40代半ばになって、それなりの動きになっとるけど、打つにしても投げるにしても、やっぱりええもんを持っとるな。熊本工業の子らにノックを打つのは初めて。みんな、喜んでくれました」

96年夏の甲子園決勝で対戦した松山商業と熊本工業のOB同士の交流試合が行われるのは3回目だ。

澤田はその試合で松山商業のユニホームを着て、ベンチで采配を振った。

「プレーボール前はどんな試合になるか心配やったけど、昔を思い出させてくれるプレーがたくさん飛び出しました。選手たちはチームの決め事とかサインをちゃんと覚えていてくれた。いまだに体に染みついとるんやろうね。年齢的に野球の試合をやるのはこれが最後になるかもしれんけど、今後も両チームの交流は続けてほしい」

あの夏、勝者と敗者に分かれた選手たちは四半世紀以上の時を経て、強い絆で結ばれている。対戦したのが松山商業と熊本工業でなければ、後世に語り継がれる名勝負にはならなかっただろう。

どちらも、高校野球の歴史を紡いだ古豪であり、地元を代表する名門だった。彼らには受け継いできた伝統があり、鍛えられた技があり、絶対に負けられないという意地があった。

松山商業野球部の第22代監督をつとめた澤田は、昭和、平成、令和を生きた指導者だった。高校時代は名門校の松山商業で鍛えられ、大学では黄金時代の駒澤大学で揉まれた。コーチとして母校に戻ってからは〝松山商業の野球〟を後進に伝える使命を負った。

厳しくなければ野球ではない。

ヘラヘラ笑いながら練習してうまくなれるか！

「苦しさの向こうに勝利がある」と信じられた時代に選手として猛練習に耐え、指導者になってからは自分が経験したことを選手に強いた。時に罵声を浴びせながら、時に鉄拳をふるいながら。

時は流れ、高校野球は少しずつ形を変えている。

現在の基準で考えれば、批判されるようなこともやってきた。いや、当時でもかなり苛烈な指導法だったことを澤田本人が認めている。

2018年春に創刊された愛媛のスポーツマガジン『Ｅ－ｄｇｅ』の編集長として、私は何度も澤田に話を聞いた。指導スタイルはとても新しいとは言い難い。拒否反応を示す親や選手はたくさんいるだろう。

それでも澤田はそのスタイルを最後まで貫いた。甲子園出場が義務付けられた名門のあとに指揮をとった北条、1回戦負けが当たり前だった高校でも。「そこまで厳しくしなくても……どうせ甲子園には行けないんだから」という声が澤田に届いたこともあるだろうに。

澤田は、選手たちを罵倒しながら、倒れるまでノックを打ち込む〝鬼〟だった。グラウンドでは厳しい表情を決して緩めなかった〝鬼〟、勝負のために非情に徹した澤田の内面に迫ったのが本書だ。

なぜ澤田は42年も、教え子たち全員に同じ熱量を持って指導することができたのか――答えはここにある。

1970年代以降の高校野球の風景を思い出しながら読めば、〝鬼〟の本当の顔、その心のうちを理解していただけただろうと思う。

2024年2月　元永知宏

Profile

元永知宏（もとなが・ともひろ）

1968年、愛媛県生まれ。立教大学野球部4年時に、23年ぶりの東京六大学リーグ優勝を経験。著書に『期待はずれのドラフト1位』『レギュラーになれないきみへ』（岩波ジュニア新書）、『殴られて野球はうまくなる!?』（講談社＋α文庫）、『トーキングブルースをつくった男』（河出書房新社）、『荒木大輔のいた1980年の甲子園』『近鉄魂とはなんだったのか?』（集英社）、『補欠の力』（ぴあ）、『プロ野球を選ばなかった怪物たち』『野球と暴力』（イースト・プレス）、『プロ野球で1億円稼いだ男のお金の話』（東京ニュース通信社）、『まだまだ仕事を引退できない人のための50代からのキャリア戦略』（翔泳社）など。

愛媛のスポーツマガジン『E－dge』（愛媛新聞社）の創刊編集長。

日本一《にほんいち》のボール拾《ひろ》いになれ

第1刷　2024年3月4日

著者　　元永知宏

発行者　菊地克英

発行　　株式会社東京ニュース通信社
〒104-6224　東京都中央区晴海1-8-12
電話 03-6367-8023

発売　　株式会社講談社
〒112-8001　東京都文京区音羽2-12-21
電話 03-5395-3606

印刷・製本　株式会社シナノ

ISBN 978-4-06-534718-8